왜 그 교회는
젊은 부부가 몰려올까?

KB191977

왜 그 교회는 젊은 부부가 몰려올까?

지은이 이수훈
펴낸이 임상진
펴낸곳 (주)넥서스

1판 1쇄 발행 2015년 3월 20일
1판 5쇄 발행 2016년 7월 25일

2판 1쇄 인쇄 2017년 1월 3일
2판 1쇄 발행 2017년 1월 10일

출판신고 1992년 4월 3일 제311-2002-2호
10880 경기도 파주시 지목로 5 (신촌동)
Tel (02)330-5500 Fax (02)330-5555

ISBN 979-11-5752-996-4 03230

www.nexusbook.com
넥서스CROSS는 넥서스의 기독 브랜드입니다.

왜 그 교회는 젊은 부부가 몰려올까?

이수훈 지음

넥서스CROSS

만날 때마다 느끼지만 이수훈 목사님에게는 펄떡이는 활어와 같
은 생명력이 있다. 꾸밈이 없는 날것 그대로의 매력이 있다. 복음에
대한 뜨거운 열정은 식을 줄 모르고 그 온도가 계속해서 상승하는
것을 확인한다. 그런 열정이 어디에서 샘솟듯 나오는지 신기할 따
름이다. 이 책에는 이런 생명력과 열정으로 당진동일교회를 세운
목사님의 신앙고백이 담겨 있다. 독자들이 한 장 한 장 책장을 넘길
때마다 정확하게 역사하시고 면밀하게 인도하시는 하나님의 섭리
를 발견하고 큰 은혜와 도전을 받게 되리라고 확신한다. 화석화된
믿음을 탈피하고 생명력과 열정이 넘치는 신앙인으로 거듭나길 원
하는 모든 이에게 이 책을 추천한다.

교회갱신협의회 대표회장, 인천제2교회 담임목사 이건영

당진동일교회는 특징이 있는 교회이다. 일단 깊은 산중에 숨어 있다. '이런 산속에 무슨 교회가 있을까' 싶은 곳에 있다. 그러나 놀랄 정도로 찾는 이들이 많은 교회이다. 놀라울 뿐더러 감동을 받는 것은 찾는 이들 중 대다수가 이 '산속'에서 예수를 처음 만난 이들이라는 점이다. 이 책을 통해 어떻게 산속에 '숨은 교회'가 이제는 '도저히 숨을 수 없는 교회'가 되었는지 알 수 있다. 광야와 같은 세상에서 누구나 만나고 싶은 교회, 찾아가고 싶은 교회, 소망이 넘치는 교회가 이 땅에 더욱 많아지기를 바라며 이 책의 일독을 권한다.

한국소그룹목회연구원 대표, 드림의교회 담임목사 이상화

이 책은 하나님의 종인 평범한 목자와 양 떼의 이야기다. 그러나 하나님의 손에 쓰임을 받는 목자와 양 떼의 이야기이기에 비범하다. 사람들은 한국교회가 부흥하고 성장하던 좋은 시절은 지나갔다고 말한다. 그러나 대도시도 아닌 소도시 당진에서 부흥하고 성장하는 교회가 하나 있다. 진입로조차 번듯하지 못한, 산자락에 자리 잡은 시골 교회다. 주일 오전이면 진입로에 차량이 끊이지 않고, 예배당과 넓은 마당은 남녀노소로 붐빈다. 주중에도 교회 곳곳은 아이들로 시끌시끌하다. 도대체 이 시골 산자락에 그간 무슨 일이 벌어졌을까? 누가 한국교회에 미래가 없다고 말하는가? 이 책을 읽어 보라! 그리고 평범한 이들을 비범하게 만드시는 하나님께 영광을 돌려라!

고려신학대학원 교의학 교수 유해무

이렇게 좋은 하나님을
믿어야 되지 않느냐!

2015년 봄,《꿈꾸는 교회, 춤추는 하나님》을 출판했다. 지나온 시간
속에 역사하셨던 하나님, 그 은혜의 현장들을 기록으로 남기고 싶어
서였다. 우리 교회의 이야기가 갑자기 몇 천 명 독자의 손에 들려지
게 되었다.

　이 책을 읽고 많은 분이 전화하셨다. 믿음이 없었는데 하나님에
대한 확신이 생겨 신앙생활에 도전이 되었다고 한다. 어떤 분은 책
한번 읽어본 적 없었는데 병상에서 이 책을 선물 받아 읽고 또 읽으
면서 살아 계신 하나님을 만났다고 고백했다. 뜨거운 사명을 되새겼
다는 개척 교회 목사님도 계셨다.

　책을 읽고 현장을 보고 싶다고 찾아오시는 분도 많았다. 일본 선
교를 마치고 개척을 준비하던 목사님은 터미널에 있는 서점에서 이
책을 읽고 바로 버스를 타고 내려오시기도 했다. 성도와 함께 탐방을

온 교회도 많았다. 책을 읽고 그냥 두기 아까워 여럿이 돌려가며 읽는 책이 되었다고도 한다.

교회 근처에 살던 김성권 씨는 논밭 한 마지기도 없는 소작농으로 힘들게 살았다. 자기는 뼈 빠지게 일하며 사는데 몰려다니는 교인이 너무 기분 나빴다. 한참 뒤 교회에서 일하던 친구의 초청으로 여름 성령집회에 참석한 김성권 씨는 그때 성령을 체험했다. 하늘이 열리면서 찬송 소리가 들리고 그 찬송 소리에 감동을 받아 자기 입에서도 찬송이 터졌다. 그 무렵 그는 이 책을 읽게 되었다. 개척 당시의 어려웠던 이야기와 자기의 가난하고 어렵고 고통스럽던 과거가 겹치면서 통곡한 김성권 씨. 그는 이렇게 좋은 하나님을 믿어야 되지 않느냐는 생각을 더욱 굳히게 되었다. 그 은혜를 붙들고 새벽 예배에도 빠지지 않았다. 그가 술과 담배를 끊은 것은 사소한 변화였다. 그의 언어가 달라지고, 그의 생활이, 삶 전체가 달라졌다. 그는 지금 신바람 난 전도꾼이다.

《꿈꾸는 교회, 춤추는 하나님》을 출간한 지 벌써 2년이 되었다. 조금 수정하고 정리한 뒤 더 읽기 쉽도록 단장해서 개정판을 출간하게 되었다. 제목도《왜 그 교회는 젊은 부부가 몰려올까?》로 바꾸었다. 오늘도 살아 계신 하나님, 우리의 삶 속에서 만나는 기적들을 더 많은 사람에게 알리고 은혜를 나누고 싶어서다. 이곳에서 역사하셨던 살아 계신 하나님이 많은 분의 삶에서도 경험되기를 기대한다. 하나님께만 영광을 올려드리는 자료가 되기를 기도한다.

이 수 훈

우리는 어디서나
주인공이 아니었다!

하갈은 아브라함의 아이를 낳은 뒤 버림받았다. 버림받은 하갈은 브
엘세바 광야를 방황했다. 죽음이 그녀 주변을 서성이고 있었다. 살
길이 없던 여인은 아브라함에게 받은 가죽 부대 물이 떨어지자 죽어
가는 아들을 차마 볼 수 없었다. 아들을 관목 덤불 아래 두고 멀리 떨
어져 앉아 소리 내어 울었다. 그때 천사가 하늘에서부터 하갈을 불
러 말씀하셨다. 하나님께서 그 아이의 소리를 들으셨다는 것이다. 그
러니 아이를 일으켜 네 손으로 붙들라 하셨다. 하나님이 하갈의 눈을
밝히시므로 물이 보였다. 하나님께서 은혜를 주셔서 살길을 보여주
신 것이다(창 21:9~19).

　어찌 보면 우리는 하갈 같은 사람들이다. 열 달을 채우지 못하고
태어난 작은 자들, 어디서나 한번도 중심에 서보지 못한 연약한 지체
들이 모였다. 그런데 복음 때문에 우리가 하나님의 무대에 오르게 된

것이다. 놀라운 은혜였다.

　하나님께서 기적같이 손을 펴주셨다. 어느 날부터 우리의 삶은 우리의 것이 아니었다. 정신없이 달려왔는데 문득 돌아보니 하나님의 손에 이끌려 달려온 것임을 알았다. 무너져가는 농가 마루에 앉아 하나님을 고대하던 이들, 복음을 듣고 구불구불 논길을 따라 비닐하우스로 찾아온 이들이 모여 하나님이 그려주신 그림 같은 시간들을 같이 살았다.

　지금은 교회 마당에서 2,000여 명의 아이들이 뛰놀고 있다. 주중에도 오후가 되면 산자락에 아이들의 함성이 들린다. 밝고 예쁜 아이들이다. 저 속에 하나님의 꿈이 자라고 있다. 다윗 같고, 다니엘 같은 인물로 자라길 빈다.

　오직 하나님께서 하신 일이기에 우리의 모습을 숨기고 싶었다. 그런데 어느 날부터 매주 많은 이가 교회에 찾아왔다. 어떻게 여기에 교회가 생기게 되었느냐고 묻는다. 이 책에 그간의 일들을 조심스럽게 담아보았다. 부끄럽고 죄송한 마음이다.

이 수 훈

차례

1부
준비

그들이 조반 먹은 후에 예수께서 시몬 베드로에게 이르시되

요한의 아들 시몬아 네가 이 사람들보다 나를 더 사랑하느냐 하시니

이르되 주님 그러하나이다 내가 주님을 사랑하는 줄 주님께서 아시나이다

이르시되 내 어린 양을 먹이라 하시고

_요 21:15

1부

준비

양심 목회

 성도가 되면 교회에서 바라보는 대상은 하나님이 아니라 목사다. 목사를 통해 하나님을 경험하고 느끼는 것이 일반적인 성도의 한계라고 생각한다. 하나님은 보이지 않고, 목사는 하나님을 대신해서 말씀을 전하고 일상생활을 지도하기 때문이다.

큰 교회에 다니면 멀리 있는 목사님을 바라만 보면서 별 의식 없이 신앙생활을 할 수 있다. 그런데 작은 교회라면 상황이 달라진다. 지근거리에서 목사의 생활과 때론 속마음까지 들여다볼 수 있기 때문이다. 성도가 경험하는 목사의 생활이 제자도에 합당할수록 복음은 더 강하게 역사한다고 생각한다.

목사가 자신을 향해 '하나님의 종인가, 삯꾼인가?'라고 던지는 질문은 자신만이 물을 수 있는 매우 중요한 문제다. 누가 내게 "참 목사인가, 삯꾼인가?"라고 따져 물을 수 있겠는가? 후회하지도 못 하고 돌이킬 수도 없는 그날에 땅을 치는 일이 없었으면 하는 마음 간절하다.

〈요한복음〉 10장에 선한 목자와 삯꾼에 대한 말씀이 있다. 선한 목자는 양을 위하여 목숨을 버리나 삯꾼은 자기를 위하여 살아가는 존재라고 해석할 수 있는 말씀이다. 일반적으로 스님이 되기 위해 입산하는 분도 세속의 인연을 끊고 삭발한다. 인간의 욕망을 버리 기 위해서라고 들었다. 세속의 인연을 끊는 것으로 참선을 시작한 다는 것이 아니겠는가? 하물며 하나님이 세우신 목자라면 더더욱 그리해야 하지 않을까?

참 목자와 삯꾼을 가르는 기준

삯꾼으로 살고 있다는 사람을 아직 만난 적이 없다. 그런데 참 목자 와 삯꾼은 아주 간단한 기준에서 갈라진다. 목자가 혹시라도 예수 님을 등에 업고 내가 살기 위해 목회를 한다면 바로 삯꾼이 된다.

나는 "우리가 살아도 주를 위하여 살고 죽어도 주를 위하여 죽나 니 그러므로 사나 죽으나 우리가 주의 것이로다"라고 고백했던 사 도 바울처럼 오직 하나님을 위해 내 삶의 전부를 드리고 싶었다. 그 런데 이는 쉽지 않은 일이었다. 가족과 내 자신의 양심에 부끄러움이 없는 길을 가는 것은 여간 어려운 일이 아니었다.

베드로는 예수님의 부활을 보고서도 물고기를 잡으러 가겠노라 말한다. 그의 말에 동요된 제자들도 같이 디베랴 바다로 나갔다. 그들은 날이 새도록 그물질을 했으나 아무것도 잡지 못했다. 그런 그들 앞에 예수님이 찾아오셔서 처음 물으신 질문을 보자.

> 그들이 조반 먹은 후에 예수께서 시몬 베드로에게 이르시되 요한의 아들 시몬아 네가 이 사람들보다 나를 더 사랑하느냐 하시니 이르되 주님 그러하나이다 내가 주님을 사랑하는 줄 주님께서 아시나이다 이르시되 내 어린 양을 먹이라 하시고(요 21:15)

"이 사람들보다 나를 더 사랑하느냐?"라는 질문 앞에 내 고백이 무엇인지 스스로 진단해보았다. 그런데 나는 정말 주님을 사랑하고 있지 않았다. 사람들 앞에서야 얼마든지 둘러댈 수 있었다. 내가 하나님을 사랑하고 있는지 그렇지 않은지 다른 사람이 판단하기는 어려운 일이다. 그러니 그냥 그렇게 묻어두고 하나님을 사랑하는 척하며 살아갈 수도 있는 일이었다.

네 아이보다 나를 더 사랑하느냐

슬슬 문제가 생겼다. 서른다섯 살에 첫 아들을 낳았다. 아이가 참 귀엽고 사랑스러웠다. 솔솔 나는 아이 냄새도 좋았다. 아이가 눈앞에 아른거려 자동차의 앞 유리에 사진을 붙여놓고 다녔다. 하루에도 몇 번씩 집에 전화를 걸어 말도 못하는 아이에게 말을 걸곤 했다. 8개월쯤 되자 아이가 벙긋거리면서 붙잡고 일어서기 시작하는데, 뭐라 표현할 수 없이 예뻤다. 그러다가 출근길에 문득 주님께서 내게 물으셨다. "네 아이보다 나를 더 사랑하느냐?"

점점 중압감이 몰려오면서 창피하고 부끄러워 견딜 수가 없었다. 젖 먹는 아이를 물끄러미 바라보며 몹쓸 생각을 했다. '아이를 어디론가 보내자. 그리고 하나님을 정말 더 사랑할 수 있을 때 데려오자.' 그때부터 이 고민이 머릿속에서 떠나지 않았다.

그 무렵 아이가 몹시 앓았다. 여러 날을 울더니 나중에는 소리도 내지 못하고 목 안에서만 우는 것이었다. 열이 얼마나 펄펄 나는지 병원을 가도 나아지지 않았다. 아이가 죽는구나 싶었다. 서울 서초구 내곡동에 있는 서울특별시 어린이병원으로 달려갔더니 의사 선생님이 위독한 아이를 뭐하다가 이제야 데리고 왔느냐며 아이가 매우 위험하다고 하면서 화를 내셨다. 동네 병원을 돌아다니면서 10여 일 동안 치료를 한다고 했는데 이렇게 된 것이었다.

그날 곧바로 입원했다. 이틀이 지나자 아이가 눈을 떴다. 아이가 젖도 먹지 못하고 수액 주사만 맞으면서 혼수상태로 지내던 이틀 동안 많은 생각을 하게 되었다. '내가 하나님보다 이 아이를 더 사랑해서 하나님께서 나를 치신 것은 아닐까?' 같은 불안한 생각을 하지 않을 수 없었다.

퇴원한 아이를 멀리 누이 집으로 보내기로 했다. 아내는 펄쩍 뛰었지만 아이를 살리려면 결단하자고 억지를 부리면서 단호하게 보내버렸다. 지금 생각해도 아내와 아이에게 참 가혹하고 미안한 일이었다. 내가 목회를 위해 '꼭 이렇게 가족에게 아픔을 줘야만 하는 것인가' 하는 갈등도 솔직히 많았다.

그 뒤로 아이는 3년여 동안 떨어져 지냈다. 이따금 토요일에 찾아가면 아이가 따라오려고 데굴데굴 뒹굴며 울어댔다. 아이가 방방 뛰며 우는 모습을 자동차 뒤창을 통해 보면서 돌아가는 마음은 찢어지는 것 같았다. 아내는 종종 실성한 사람같이 변하고 있었다. 그때가 하나님을 사랑하는 마음을 달라고 산 기도로 씨름하던 시절이다. 그러다가 성령의 불을 받게 되었지만 실로 가혹한 시험을 치르고 있었다.

아이를 데려와서 생긴 일

네 살된 아이를 데려온 후 함께 지방에 가게 되었다. 오랜만에 시골 한적한 곳에서 주일을 맞았다. 아이와 같이 예배를 드리러 교회에 찾아갔다. 언덕 위에 있는 작은 예배당에 50~60분이 예배를 드리고 있었다. 모두 중년 이상의 성도들이었고 어린이는 우리 아이뿐이었다. 아이가 종종걸음으로 뒤편에서 예배당 중간까지 왔다 갔다 하고 있었다. 나는 중간쯤에 앉아 예배를 드리고 있었다.

설교가 끝날 무렵 뒤편에서 웅성거리는 소리가 들렸다. 무슨 일인가 언뜻 돌아보니 아이가 바닥에 누워 있고 몇몇 분이 안절부절

못하고 있었다. '무슨 일일까?' 벌떡 일어나 달려가고 싶었다. 그런데 순간 머릿속을 스치는 생각이 있었다. '네가 나를 사랑하느냐?' 깜짝 놀랐다. "예!" 하고 자리에 붙어버렸다. 목사님이 허둥지둥 축도를 하시는 것 같았다. 가운을 벗어던지고 쏜살같이 뒤로 뛰어가시는 게 아닌가?

가서 보니 아이가 하얗게 질려 있었다. 심장은 뛰는데 숨을 쉬지 않고 있었다. 무슨 일일까? 병원으로 빨리 데려가라는 둥 안 된다고 하는 둥 소란한 가운데 정신이 없었다. 누군가 병원까지는 40분이 소요된다고 말하고 있었다.

눈앞이 깜깜했다. 일단 아이를 안고 일어나 예배당 밖으로 뛰어나갔다. 그러는 순간 맘속에서 소리가 들려왔다. "멈춰라. 그리고 아이를 거꾸로 들거라." '무슨 말인가? 죽어가는 아이를 거꾸로 들다니.' 그러나 나도 모르는 순간 그리하고 있었다.

그다음 "아이의 입을 열어보거라" 하는 음성이 들리는 것 같았다. 곁에 있는 분에게 아이 다리를 붙잡아달라고 부탁하고 입을 열어보니 이게 어찌 된 일인가? 아이가 이를 악물고 있는 것이 아닌가? 억지로 힘을 다하여 볼을 움켜잡고 입을 열었다. 그러면서 옆에 있는 사철나무 가지를 꺾어 아이 입에 재갈을 물리듯이 넣었다.

그러자 "목구멍에 손가락을 넣어라"는 음성이 들리는 것 같았다. 그래서 가운뎃손가락을 넣어보니 끝에 딱딱한 무엇이 목구멍을 막고 있었다. 어떻게 꺼낼 방법이 없었다. 그 긴장되고 아찔한 순간, 다음 명령이 오고 있었다. "힘껏 밀어 넣어라." 나도 모르게 손끝에 힘을 주어 밀어버렸다. 순간 뭔가 확 터져 나왔다. 피였다. 그리고 땡그랑하며 바닥에 떨어졌다. 동전이었다. 아이 목 안이 찢겼는지 피가 확 나오면서 동전이 함께 튕겨 나왔던 것이다. 누군가 동전을 주어서 아이가 입에 넣고 놀다가 그것이 목으로 넘어가 기도를 막았던 것이리라.

이 사고를 통해 나는 많은 것을 생각하게 되었다. 만일 아이를 차에 태우고 병원으로 달렸더라면 아이는 이미 이 세상에 없을 것이다. 아이의 숨이 멎어가는 그 급박한 시간에 예배에 성공하려고 마음을 누르며 하나님만 바랐던 순간을 지금도 잊을 수가 없다. 하나님은 몇 년 동안의 시험을 이기게 하시더니 그렇게 아이를 살려주신 것이 아닌가 싶었다. 지금은 청년이 되어 군복무 중인 건장한 아들을 보면서 나는 속으로 그때를 종종 떠올린다. 내 신앙 양심의 문제 때문에 아이를 제물 삼아 몇 년 동안 씨름한 것 같다.

굳이 아이를 가지고 씨름하지 않았어도 누가 뭐라 말할 문제는 아니었겠지만 내 신앙 양심의 문제는 내 자신과 하는 씨름이기에 그렇게 하지 않고는 이 길을 갈 수가 없었던 것이다. 이 문제는 앞으로도 내 속에서 일생 동안 씨름해야 할 것이라고 생각한다.

바울이 공회를 주목하여 이르되 여러분 형제들아 오늘까지 나는 범사에 양심을 따라 하나님을 섬겼노라 하거늘(행 23:1)

사도 바울 역시 양심을 따라 하나님을 섬겼다고 말한다. 이것은 하나님 앞에서 신앙 양심에 부끄러움 없이 살아왔다는 말을 하고 있는 것 아니겠는가!

깨끗한 양심을 가진 자

교회를 개척하고 예배당을 건축한 뒤 설교단으로 들어가는 옆문을 달아놓고 녹색 페인트를 칠했다. 내 나름 생명의 문이라 생각하고 그리했던 것이다. 한참 칠을 하다가 문득 교회가 얼마나 사랑스럽고 좋아 보이는지 마음속으로 확 끌리는 것이었다. 소유 개념이었다. 이 교회가 마치 내 소유인 양 애착을 가지고 있다는 것을 알게 된 것이다. 언뜻 보기엔 아무 일이 아닌 것 같지만 곰곰이 생각해보니 이게 웬일인가 싶었다. 하나님의 것을 내 것인 양 생각하고 있는 것이 아닌가? 하도 많은 고생을 하며 건축했기 때문이리라.

이 교회를 놓을 수 없을 것 같은 강렬한 무엇이 내 안에 일어나고 있어 페인트 붓을 그대로 놓고 뒷산에 올라갔다. 산 위에서 내려다보니 골짜기의 작은 교회인데 그곳에 마음이 붙잡혔는가 싶어 내 인생이 한없이 초라하고 내가 불쌍한 죄인임을 깨닫게 되었다. 눈물이 났다. 사람이 얼마나 간사하고 비굴하며 천박한 존재인지를 재삼 확인한 일이었다.

깨끗한 양심에 믿음의 비밀을 가진 자라야 할지니(딤전 3:9)

사도 바울은 집사 직분도 깨끗한 양심을 가진 자라야 감당할 것이라 했는데 하물며 목자는 어떠할까? 하나님 앞에 서는 날까지 하나님 앞에, 사람 앞에 부끄러움이 없는 깨끗한 양심으로 교회를 섬기다가 달려갈 길을 마칠 수 있어야 할 터인데 걱정이다.

예수님만을 위하여 살았던 사도 바울의 삶은 내가 얼마나 엉터리 신앙인인가를 깨닫게 한다.

또한 모든 것을 해로 여김은 내 주 그리스도 예수를 아는 지식이 가장 고상하기 때문이라 내가 그를 위하여 모든 것을 잃어버리고 배설물로 여김은 그리스도를 얻고 그 안에서 발견되려 함이니 내가 가진 의는 율법에서 난 것이 아니요 오직 그리스도를 믿음으로 말미암은 것이니 곧 믿음으로 하나님께로부터 난 의라(빌 3:8~9)

사도 바울에 비하면 나는 얼마나 더 많은 것을 얻으려고 주님을 뒤로하고 욕망을 불태우며 몸부림했는지 모른다.

평생 무게감으로 다가오는 말씀들이 있다. 목사인데 용서하며 사는 삶, 자기를 부인하는 제자도의 삶이 결코 쉽지 않았다. 오직 하나님만을 사랑하고 그분의 은혜를 힘입는 것밖에는 다른 방법이 없다

기도의 위력

 〈고린도전서〉 1장 28~29절 말씀에서 남다를 은혜를 받는다. 내가 주님 앞에 자랑할 것이 없고 내놓을 것이 없는 죄인 중에 죄인이라는 사실을 잘 알고 있기 때문이다.

> 하나님께서 세상의 천한 것들과 멸시받는 것들과 없는 것들을 택하사 있는 것들을 폐하려 하시나니 이는 아무 육체도 하나님 앞에서 자랑하지 못하게 하려 하심이라(고전 1:28~29)

나는 참 미련하고 어리석으며 욱하는 분노가 많은 사람이었다. 신앙적으로 부실하고 초라하여 거룩하신 하나님을 섬긴다는 말도 심히 외람된 사람이었다. 아마 복음을 알지 못했더라면 방탕하여 이미 이 세상 사람이 아니었을 것이다.

할머니의 기도

청소년기에 집을 나와 친척 집에서 유숙하는 일이 잦았다. 자다 보면 밤 2~3시쯤 방문 앞에서 눈물과 함께 탄식하는 기도 소리가 들려왔다. 바람만 불어도 날아갈 것 같은 작은 체구의 할머니께서 2층에 올라오셔서 내가 자고 있는 방문 앞에 엎드려 기도하시는 것이었다.

그런데 할머니의 기도가 내게는 달가운 일이 아니었다. 할머니는 하나님께서 손자를 쓰시라는 알 수 없는 말을 하시며, 반복적으로 간구하셨다. 그런 기도를 알고서부터 괜히 마음이 불편했다. 내마음에는 교회가 그렇게 호의적인 곳이 아니었기 때문이다. 교회에 대한 생각 자체가 부정적이었던 것이다. 그런 내가 할머니의 기도를 듣고 감사하며 아멘을 할 까닭이 없지 않은가? 꿈에도 상상할 수 없는 일이었는데 이게 웬일인가? 지금 내가 목사가 되어 있다. 기도의 위력을 누가 감히 부인할 수 있겠는가?

어느 날 예배를 드리는데 숨이 막힐 것 같았다. '이해할 수도 없고 뭐 말도 안 되는 비현실적인 설교를 들으며 일평생 동안 교회를 다녀야 된단 말인가? 야, 이거 못살겠네!' 하는 회의감이 밀려왔다. 그러면서 끝없는 상상들이 떠오르곤 했다. '하나님이란 신이 정말 존재하는가? 하나님이 정말 있다면 모르겠지만 만일 아니라면 이

거 할 일이 아니네!' 이런 생각이 겁 없이 밀려오곤 했다.

　　마치 군에 입대하여 첫날 밤에 침상에 누워 '야, 이거 3년 동안 이 렇게 얽매여 어떻게 살지? 내 체질에 군대 무사히 마치고 제대하겠 나! 탈출구는 뭐 없을까?' 고민하며 날밤을 새웠던 것과 비슷했다 고 기억된다. 나는 매이는 것을 워낙 견디지 못하는 자유분방한 성 품이어서 틀에 박힌 생활 자체가 숨막혔다.

　　그런데 돌아보니 '하나님은 그런 방탕자를 한순간도 자유로이 놓아주지 않으셨고 무슨 일을 통해서든 목을 잡고 계셨구나' 하는 생각이 든다. 어떻게 하든 교회를 떠날 수 없는 조건과 상황, 이런저 런 인관관계로 얽혀 끌고 다니신 것 같다. 자력이나 자의적인 마음 으로는 도저히 상상할 수 없는 길을 지금 걷고 있는 내 모습에 제일 놀라는 사람은 바로 나 자신이다. 신앙에 첫발을 디딘 때부터 지금 까지 모든 삶이 항거할 수 없는 하나님의 강권이자 은혜요, 기적이 었음을 고백할 수밖에 없다.

　　하나님을 만나기 전 '하나님이란 신은 정말 계신단 말인가? 그렇 다면 상황은 달라진다. 정말 계신다면 교회를 잘 다녀야지 이렇게 다녀서야 될 일이 아니지 않은가?'라는 생각이 들었다. 어떤 경우라 도 의리를 지키는 것이 어릴 때부터 가슴에 새겨온 나의 신념이었 다. 이 때문에 만일 하나님이 존재하신다면 바르게 섬겨야 한다는 생각이 들어 깊은 고민에 빠졌다. 설교 시간마다 의혹의 눈길로 하 나님을 찾아보았다. 목사님이 설교하시는 중에도 말씀을 들으면서

'하나님이 저렇게 말하라고 시키시는 것인가? 그렇다면 저런 말을 하는 것이 옳은가? 그른가? 저런 상황에서 하나님이 저렇게 말하게 하시는 것인가?' 등등 이런저런 생각을 하다가 나중에는 내가 돌아 버릴 것 같은 지경이 되었다.

하나님이 궁금하다

말도 안 되는 고민을 하다가 결국엔 하나님이 궁금해서 기도원을 돌아다니기 시작했다. 정말 많은 기도원을 닥치는 대로 돌아다니면서 희한한 경험과 간증을 듣다가 사람들에게 세뇌되듯이 '그래! 사람들 말을 들어보니 하나님이 정말 계시는 게 맞는가보구나!' 싶었다. 교회 안에서 일상적으로 보고 경험하는 신앙인들과, 기도원에서 만난 사람들은 많이 달랐다. 교회 안의 사람들이 느끼는 하나님은 희미한 분이었으나 기도원의 사람들이 느끼는 하나님은 분명히 역사하시는 분이었다.

그래서 기도원에 가서 금식을 해봤다. 처음에 사흘간 금식하면서 죽는 줄 알았다. 한 끼도 굶어보지 않은 사람이 사흘 동안 굶는다는 것은 말도 안 되는 일이었지만 그래야 하나님을 만날 수 있다니 어쩔 수 없었다. 그러나 하나님을 만나진 못했다. 하산하면서 마음에 은혜는 없고 억울한 생각만 자꾸 일어났다. 억울함, 아까움, 뭐 이런 생각들로 '다음엔 7일을 금식해보자' 하고 다짐했다. 이렇게 기도원 다닌 지 7년이 되었다. 기도할 줄도 모르는 형식적인 말을 늘어놓은, 돌아보면 기도도 아닌 것을 하면서 산을 다닌 것이다.

연도는 정확히 기억을 못하지만 그해 7월 17일 사흘을 쉬게 되었다. 역시 기도원에 올라가 단식하고 있었다. 이번에도 역시 아무 일도 없었다. '이거, 거짓말이다. 그만두자' 하는 생각을 하면서 짐을 꾸리고 화장실에 들러 창밖을 보니 기도원을 떠나는 사람들이 우르르 나가는 것이었다. '저 사람들은 하나님을 만났을까? 나처럼 그럴듯하게 속아서 오가는 사람들은 아닐까?' 이런 생각을 하고 있을 때 옆에서 말을 걸어왔다. 기도원에 있으면서 자주 만나 대화했던 서울 사는 중년의 집사님이었다.

"집사님, 성령 받았습니까?"

머뭇거리다가 "아뇨"라고 답했다. 집사님은 "참나, 그리 쉬운 성령을 왜 못 받아요. 이제 보니 죄 많이 지었나보네. 하나님께 잘못했다고 그래 봐요. 금방 오셔요. 나는 갑니다. 그냥 가지 말고 내친김에 하나님 만나고 오세요"라고 말하더니 휭 나가는 것이다. 기분이 상했다. '에이, 빌어먹을! 이거 뭐란 말인가?' 다시 기도원 방으로 돌아가 가방을 던져놓고 드러누워 천장을 바라보는데 슬퍼지면서 알 수 없는 분노가 일어나 마음이 복잡해졌다.

밤이 왔다. 집회는 없었다. 몇몇 할머니들이 산에 올라간다고 하시기에 따라 올라갔다. 정상에 올라가니 할머니들이 전등을 비춰달라고 하셨다. "네……" 하고 전등을 비추고 서 있는데 이게 뭔가, 할머니들이 각각 다른 곡조로 맘대로 찬송을 하시면서 한 시간도 넘게 계시는 것이었다.

"할머니들, 저 그만할래요."

칡넝쿨을 이용해 전등을 나무에 걸고 먼발치로 내려가 기도를 시작했다. 소리를 지르다가 창피해서 멈추고 가만히 있자니 이건 아닌 것 같아, 산 아래 시내 불빛을 보고 있었다.

그런데 어느 순간인가 갑자기 얼굴이 이상해졌다. 턱이 저릿저릿하더니 온 얼굴이 전기가 감전된 것같이 변하는 것이었다. '이게 뭐야? 벌레 물려 독이 오른 건가?' 하는 순간 혀가 확 꼬이면서 이상한 소리가 나기 시작했다. 7년이 넘게 찾던 하나님은 그 밤이 새도록 "랄랄랄 랄랄라"를 하게 하셨다. 울었다. 끝도 없이 얼마나 울었는지 모른다. 평생 울어도 못 다할 눈물을 그 밤에 흘렸다. 아침 햇살이 따가웠다. 산 정상에서 혼자 "랄랄라"를 외치며 밤을 새운 것이다. 성령의 임재하심이었다.

세상이 달라졌다. '아! 이런 거였구나. 이런 세상이 있었구나. 하나님이 계시는구나' 하는 확신이 섰다. 그토록 오래 고민하고 궁금했던 하나님이 그렇게 오신 것이다. 온 세상이 이렇게 아름다운 것을 처음 알았다. 눈앞에 서 있는 소나무 위에 황금빛 십자가가 걸려 있었다. 헛것이 보이는가 싶어 다가가 나무를 흔들어봤다. 분명히 황금 십자가가 있는 것이었다. 나무 밑에 주저앉아 넋을 놓고 십자가를 올려다봤다.

정신이 들어 시계를 보니 오전 10시가 넘어가고 있었다. 이제 산을 내려가야 했다. 밤새 비가 내렸는지 온 산에 빗방울이 가득했다. 나뭇잎에 매달린 빗방울을 건드릴 수가 없었다. 나같이 더러운 인간이 이 세상에 또 없는 것 같아 하나님이 주신 나뭇잎과 그 위에 내려주신 빗방울을 감히 건드리는 것도 죄송했고 부정한 일 같았다. 그렇게 울며 산을 내려왔다.

감사를 배우다

산을 내려와 오후 1시가 지난 시간에 사람이 없는 식당에 들어갔다. 식사 시간이 지난 때였다. 텅 빈 식당에 넋을 놓고 앉아 있었다. 주방 안에서 뚱뚱한 50대의 집사님이 나를 보고 나왔다. "금식 마치셨나요? 죽 드실래요?" 아무 말도 못하고 눈물만 흘렸다. 그랬더니 집사님이 말없이 주방으로 가시더니 한참 후에 죽을 들고 오셨다.

"이거 드시고 힘내세요."

참으로 따뜻하고 위로가 되는 말씀이었다. 죽을 놓고 돌아서 주방으로 들어가시는 모습을 보니 '하나님께서 나를 위해 저분을 이곳에 보내주셨구나' 하는 생각이 밀려왔다. '이 죽 안에 있는 쌀 한 톨 한 톨이 모두 하나님께서 나를 위하여 농부들의 수고와 수많은 사람의 손길을 통해 여기까지 가져다주신 거구나' 하는 생각이 그림처럼 펼쳐지는 것이었다. 고개를 꾸벅하는 요식만 갖춘 채 먹고 마시며 진정한 감사의 의미를 모르고 살았던 지난날이 부끄러웠다.

'모든 것이 하나님 없이 된 것이 없고······'라는 말씀이 열리는 순간이었다. 가슴이 벌렁거려 견딜 수가 없었다.

> 만물이 그로 말미암아 지은 바 되었으니 지은 것이 하나도 그가 없이는 된 것이 없느니라(요 1:3)

"아멘, 아멘, 아멘, 아멘······." 끝없이 "아멘"과 "예"만 나왔다.

> 이렇게 계획할 때에 어찌 경솔히 하였으리요 혹 계획하기를 육체를 따라 계획하여 예 예 하면서 아니라 아니라 하는 일이 내게 있겠느냐 하나님은 미쁘시니라 우리가 너희에게 한 말은 예 하고 아니라 함이 없노라 우리 곧 나와 실루아노와 디모데로 말미암아 너희 가운데 전파된 하나님의 아들 예수 그리스도는 예 하고 아니라 함이 되지 아니하셨으니 그에게는 예만 되었느니라 하나님의 약속은 얼마든지 그리스도 안에서 예가 되니 그런즉 그로 말미암아 우리가 아멘 하여 하나님께 영광을 돌리게 되느니라 우리를 너희와 함께 그리스도 안에서 굳건하게 하시고 우리에게 기름을 부으신 이는 하나님이시니 그가 또한 우리에게 인 치시고 보증으로 우리 마음에 성령을 주셨느니라(고후 1:17~22)

바보가 되고 말았다. 아무 생각도 의식도 없이 백치가 되고 말았다. 그리고 온 세상이 그냥 "아멘"이 되었다. 앞의 사도 바울의 말이 내 상황과 연결이 되고 말고 할 것도 없이 그냥 "하나님, 무엇이든

하십시오. 저는 '아멘'일 뿐입니다. '할렐루야 아멘'입니다!"라는 말
을 되뇌었다.

결국 죽을 한 모금도 먹을 수 없었다. 감사하고, 죄송하고, 민망
하고, 감격스럽기만 했다. 목을 내어드리고 그 어떤 것들을 다 드려
도 끝없이 부족하고 죄송해서 먹을 수가 없었다. 그길로 밖으로 나
와 식당 모퉁이에 앉아 울고 또 울었다.

7월의 바람이 무리를 지어 먼 들녘을 뒤흔들며 춤을 추듯이 달려
왔다. 달콤한 바람을 타고 신비한 음성이 들려왔다.

"보이느냐?"

"……."

"보이느냐?"

"아무것도 안 보입니다."

"들을 보거라. 무엇이 보이느냐?"

"아무것도 없는데요."

"다시 보거라. 무엇이 보이느냐?"

자꾸 질문을 하시는데 감당할 수가 없어 마냥 두리번거리며 민
망하기만 했다.

"보이는 것이 없습니다."

그러는데 갑자기 눈앞에 새로운 세계가 열렸다. 온 들녘에 하얀
쌀이 덮여 있는 게 보였다.

"어? 주님, 쌀이 덮여 있습니다. 온 들에 쌀이 하얗게 덮여 있습

니다!"

"그렇다. 내가 이렇게 많은 것을 주었라. 그런데 인생들이 고맙다고 하지 않는다. 네가 가서 좀 전하거라. 내가 만물을 너희를 위해 주었느니라."

참 놀라운 일이었다. 평생 먹고 마시며 누리고 살았던 모든 것을 어찌 내가 얻은 것인 줄로만 알고 살았을까? 눈이 있으나 보지 못하고 귀가 있으나 듣지 못한다는 말씀이 이런 경우가 아니었던가 생각하니 참 민망하고 죄송스러운 마음을 감당할 수가 없었다. 〈창세기〉의 말씀이 갑자기 내 앞에서 현실이 되는 날이었다. 이 놀라움과 감격을 어찌할지 몰라 눈물만 흘렸다.

하나님이 그들에게 복을 주시며 하나님이 그들에게 이르시되 생육하고 번성하여 땅에 충만하라, 땅을 정복하라, 바다의 물고기와 하늘의 새와 땅에 움직이는 모든 생물을 다스리라 하시니라 하나님이 이르시되 내가 온 지면의 씨 맺는 모든 채소와 씨 가진 열매 맺는 모든 나무를 너희에게 주노니 너희의 먹을거리가 되리라 또 땅의 모든 짐승과 하늘의 모든 새와 생명이 있어 땅에 기는 모든 것에게는 내가 모든 푸른 풀을 먹을거리로 주노라 하시니 그대로 되니라 (창 1:28~30)

그날 이후로 '하나님이 주신 모든 것은 감사하는 자가 누리는 법이구나' 하는 것을 깨달았다.

네가 먹어서 배부르고 아름다운 집을 짓고 거주하게 되며 또 네 소
와 양이 번성하며 네 은금이 증식되며 네 소유가 다 풍부하게 될 때
에 네 마음이 교만하여 네 하나님 여호와를 잊어버릴까 염려하노라
여호와는 너를 애굽 땅 종 되었던 집에서 이끌어내시고(신 8:12~14)

하나님께서 하신 일이다. 온 세상 만물이 다 하나님께서 주신 것
들이었다. 당연한 사실이었는데 놀라운 점은 지금까지 까맣게 모르
고 살았다는 것이다. 단 한번도 그렇게 인정하지 않고 살았다는 것,
그것이 거짓된 어둠 속의 삶이 아니었던가 싶다. 하나님께 용서를
빌고 빌었다.

온 세상이 어찌 그리 아름다운지! 하나님이 지으신 모든 세상이
어찌 그리 사랑스러운지! 밤하늘, 떠가는 뭉게구름, 바람에 춤추는
나뭇잎, 일렁이는 파도를 보면서 하나님이 내게 주신 것들임을 감
사했다. 달리는 버스를 타는 것도 다 하나님이 허락하신 것이었다.
식당에서 식사를 하면서도 '이 식당은 하나님께서 나를 위하여 준
비하신 것이구나' 했고, 병원에 가서 의사 선생님을 보고 간호사 선
생님들을 만나면서도 '하나님이 훈련시키시고 인도해주셔서 나
를 치료하게 하시는구나' 하는 생각이 몰려왔다. 하나님을 사랑한
다윗 왕이 보았던 세계가 송구스럽게도 내 앞에 열린 것만 같았다.
〈시편〉이 폭풍처럼 내 가슴을 뒤흔들어 놓았다.

여호와 우리 주여 주의 이름이 온 땅에 어찌 그리 아름다운지요 주의 영광이 하늘을 덮었나이다 주의 대적으로 말미암아 어린아이들과 젖먹이들의 입으로 권능을 세우심이여 이는 원수들과 보복자들을 잠잠하게 하려 하심이니이다 주의 손가락으로 만드신 주의 하늘과 주께서 베풀어 두신 달과 별들을 내가 보오니 사람이 무엇이기에 주께서 그를 생각하시며 인자가 무엇이기에 주께서 그를 돌보시나이까 그를 하나님보다 조금 못하게 하시고 영화와 존귀로 관을 씌우셨나이다 주의 손으로 만드신 것을 다스리게 하시고 만물을 그의 발아래 두셨으니 곧 모든 소와 양과 들짐승이며 공중의 새와 바다의 물고기와 바닷길에 다니는 것이니이다 여호와 우리 주여 주의 이름이 온 땅에 어찌 그리 아름다운지요(시 8:1~9)

기도보다 더 수지맞는 일이 어디 있을까

하나님의 실재를 경험하고 나니까 얼마나 기도가 하고 싶은지 견딜 수가 없었다. 하루 종일 기도만 하고 싶었다. 이보다 더 수지맞는 일이 어디 있단 말인가? 창조주이자 전능자이신 하나님이 살아 계시며 나의 기도를 들으신다고 생각하니 이거 정말 꿈만 같은 일이 아닌가 싶었다. 어디서든 무시로 기도하고 싶었다. 화장실에서도 기도하고, 운전하면서도 기도하고, 길을 걸으면서도 기도했다. 기도를 들으시면 응답을 받을 텐데 기도하는 일을 뒤로하는 것보다 더 미련한 삶이 어디 있을까 싶었던 것이다. 예수님이 기도에 대하여 하신 말씀들을 대할수록 더 마음이 갈급해지기 시작했다.

> 너는 기도할 때에 네 골방에 들어가 문을 닫고 은밀한 중에 계신 네
> 아버지께 기도하라 은밀한 중에 보시는 네 아버지께서 갚으시리라
>
> (마 6:6)

〈사무엘상〉 18장부터 읽어보면 사울은 직접 친위 부대를 앞세우고 다윗을 찾아다녔다. 오늘날처럼 복잡하지 않았던 시절 왕이 군대를 이끌고 다윗 한 사람을 잡는다는 것은 그리 어려운 일이 아니었을 것이다. 궁급한 다윗은 결국 적국인 블레셋 땅으로 최악의 도피를 한다. 다윗은 블레셋의 아기스 왕에게 생명을 구걸하는 비참한 상황에 빠졌다. 그러나 놀라운 반전이 있었다. 다윗은 끝났구나 싶은 상황에서 살아났고 사울은 무너졌다. 다윗은 이 상황을 다음과 같이 노래하고 있다.

> 내가 여호와를 항상 송축함이여 내 입술로 항상 주를 찬양하리이다
> 내 영혼이 여호와를 자랑하리니 곤고한 자들이 이를 듣고 기뻐하리
> 로다 나와 함께 여호와를 광대하시다 하며 함께 그의 이름을 높이세
> 내가 여호와께 간구하매 내게 응답하시고 내 모든 두려움에서 나를
> 건지셨도다 그들이 주를 앙망하고 광채를 내었으니 그들의 얼굴은
> 부끄럽지 아니하리로다 이 곤고한 자가 부르짖으매 여호와께서 들
> 으시고 그의 모든 환난에서 구원하셨도다 여호와의 천사가 주를 경
> 외하는 자를 둘러 진 치고 그들을 건지시는도다 너희는 여호와의 선

하심을 맛보아 알지어다 그에게 피하는 자는 복이 있도다 너희 성도들아 여호와를 경외하라 그를 경외하는 자에게는 부족함이 없도다 젊은 사자는 궁핍하여 주릴지라도 여호와를 찾는 자는 모든 좋은 것에 부족함이 없으리로다(시 34:1~10)

기가 막힌 위기 속에서 다윗이 살아난 것은 군대의 힘도 아니요, 능력도 아닌 오직 기도의 힘 때문임을 바로 알 수 있는 장면이다. 기도하는 일이 이렇게 행복하고 기쁘고 특별한 은총임을 깨닫게 되었고 그 이후 내 삶의 모든 일은 기도를 통해 일어나고 있었다.

다음의 말씀들은 그때 보기만 해도 눈물이 흐르며 가슴이 설레던 것들이다. 얼마나 좋은지 매일 암송하고 부르짖던 말씀들이다. 말씀이 믿어지면 세상 어떤 것보다 말씀을 대하는 일이 기쁘고 가슴 설레는 일이 된다는 것을 그때 알았다.

너희가 내 안에 거하고 내 말이 너희 안에 거하면 무엇이든지 원하는 대로 구하라 그리하면 이루리라(요 15:7)

그날에는 너희가 아무것도 내게 묻지 아니하리라 내가 진실로 진실로 너희에게 이르노니 너희가 무엇이든지 아버지께 구하는 것을 내 이름으로 주시리라(요 16:23)

내가 또 너희에게 이르노니 구하라 그러면 너희에게 주실 것이요 찾으라 그러면 찾아낼 것이요 문을 두드리라 그러면 너희에게 열릴 것이니 구하는 이마다 받을 것이요 찾는 이는 찾아낼 것이요 두드리는 이에게는 열릴 것이니라 너희 중에 아버지 된 자로서 누가 아들이 생선을 달라 하는데 생선 대신에 뱀을 주며 알을 달라 하는데 전갈을 주겠느냐 너희가 악할지라도 좋은 것을 자식에게 줄 줄 알거든 하물며 너희 하늘 아버지께서 구하는 자에게 성령을 주시지 않겠느냐 하시니라(눅 11:9~13)

이 말씀이 믿음이 되었고 기대가 되었으며 응답이 되어지는 일들이 일상 속에서 일어나기 시작했다.

기도를 하고 싶은 열망

당시 서울 중구 서소문동에서 남산1호터널을 지나 한남대교를 건넌 뒤 신사동을 거쳐 양재동 집으로 출퇴근하고 있었다. 퇴근길이었다. 이태원 고가를 지나 한남대교로 진입하던 것으로 기억한다. 차들이 거북이걸음을 하고 있었다. 나도 모르게 정차된 순간 기도에 들어갔나보다. "쾅! 쾅! 쾅!" 누군가 유리창을 사정없이 두드리고 있었다. 깜짝 놀라 창문을 내렸는데 경찰관이 차 옆에 와 있었다. "여보세요. 지금 뭐하는 것입니까? 차가 고장 났나요? 혹시 주무신 거 아닙니까? 아니 선생님, 음주 운전하신 거 아닌가요?" 민망해서 어리벙벙한 나를 바라보시더니 "후~" 하고 힘껏 불어보라고 했다. 그때가 한겨울 밤 8시쯤이었는데 퇴근 시간이라 정체가 극심한 대교 위에서 나도 모르게 기도에 빠졌던 것이다. 경찰관이 고장 차량인 줄 알고 달려왔다가 차 안에 사람이 있으니까 술에 취한 줄 알았던 모양이었다. 미안하다고 조아리고 집으로 가려는데 나도 모르게 집에는 가지 않고 교회를 찾아다니고 있었다.

신사동과 강남 일대의 골목을 돌고 돌았다. 교회에 들어가 기도하고 싶었던 것이다. 그런데 문을 열어놓은 교회가 없었다. 몇 시간을 찾다가 문정동까지 가고 말았다. 한밤중에 찾아간 곳이 새로 지은 큰 교회였는데 지하와 1층 사이에 개인 기도실이 여러 개 있었다. 얼마나 감사하고 좋았는지 허락도 받지 않고 여러 날 기도실을 찾아가 기도를 즐겼다. 그날부터 퇴근만 하면 문정동으로 향했는데 얼마나 신이 나는지 지금 생각해도 설레는 일이었다.

한 달쯤 되던 어느 날이었다. 교회 여직원이나 성도 같기도 한 분에게 들키고 말았다. 누구시냐고 얼마나 집요하게 묻는지 도둑질하다가 잡힌 것처럼 얼굴이 벌게져서 인사도 못하고 그냥 도망쳐버렸다. 얼마 후 다시 갔다가 이번엔 그만 목사님 같은 분에게 들키고 말았다. 인사를 드리고 허락을 받고 싶었는데 미안한 마음이 앞서 그냥 꾸벅 인사만 드리고 돌아오고 말았다. 자동차 안에서, 방에서, 길에서 중얼거리는 기도 때문에 주변 사람들로부터 내가 미쳤다는 소문이 났다.

그래도 여전히 기도보다 행복하고, 즐겁고, 수지맞는 일은 없다고 생각한다. 기도는 능력의 길이요, 하늘 문이 열리는 길이요, 없는 것도 있게 하는 통로임을 확신한다. 왜냐하면 믿고 기도한 일들이 응답되지 않고 사라진 것이 하나도 없기 때문이다.

기도를 하면서 "여호와께서 그의 손을 내밀어 내 입에 대시며 여호와께서 내게 이르시되 보라 내가 내 말을 네 입에 두었노라"(렘 1:9), "내가 다시는 여호와를 선포하지 아니하며 그의 이름으로 말하지 아니하리라 하면 나의 마음이 불붙는 것 같아서 골수에 사무치니 답답하여 견딜 수 없나이다"(렘 20:9)라는 말씀이 떠오르며 눈물이 마를 날 없던 예레미야의 마음이 느껴졌다. 하나님을 모르고 힘들게 살아가는 사람들이 안쓰럽고 불쌍하며 안타까워 견딜 수가 없었다. 그분들께 내가 경험한 하나님을 알려주고 싶었다. 직장 생활도 매력이 없어졌고 그렇게 즐겁던 취미 생활도 다 재미없는 일들이 되고 말았다. 하나님을 모를 때 재밌어 하던 모든 것이 시시하고 우스꽝스런 것이 되었고 초라해보였다. 세속적인 사람의 눈으로 볼 때 망해버린 것이다. 그러나 복음 안에서 얻은 기쁨은 지금까지 살아오면서 경험한 그 어떤 것들과도 비교할 수 없는 것임을 알려주고 싶은데, 표현을 다 못하겠다. 늘 이 부분이 안타깝기만 하다.

교회의 그림

결국 주변 사람들의 강요로 두려웠던 신학을 하게 되었다. 목사를 한다는 것은 생각도 하지 못했지만 신학 공부를 하지 않을 수 없는 환경과 주변의 권면에 이끌려 자신감 없는 발걸음으로 억지 반 두려움 반 겨우겨우 신학교를 다니게 되었다.

신학교를 다니면서 신학이 아니라 '어떤 교회를 세울 것인가?'를 고민하며 점점 '만일 목사가 된다면 어떤 목사가 되어야 하지?' 하는 의문 가득한 시간을 보내고 있었다. 어디를 봐도 거룩함과 목사다움이 없고 아무리 생각해도 경건함이 없는 내 모습을 내가 아는데 어림도 없는 일이 아니겠는가? 교회가 무엇인지 너무나 모르고 있었기 때문에 모든 것이 두렵고 막막하기만 했다.

그렇지만 한편으로는 모르기 때문에 용감했던 것 같다. 돌아보면 아찔하고 천하에 무식한 하룻강아지의 도전이었던 것이다. 수단도 없고 방법도 모르지만 한 가지 '오직 하나님이 기뻐하시는 길이 무엇인가?'에 마음이 향해 있었던 시절이었다. 사도 바울이 고백했던 〈갈라디아서〉 말씀이 참 매력적이었고 사도 바울이 부러웠다. 그때부터 지금까지 가슴 깊이 품고 사는 말씀이다.

> 이제 내가 사람들에게 좋게 하랴 하나님께 좋게 하랴 사람들에게 기쁨을 구하랴 내가 지금까지 사람들의 기쁨을 구하였다면 그리스도의 종이 아니니라(갈 1:10)

하나님께서 기뻐하시는 일이 무엇일까 생각하다가 성경에서 두 가지를 발견하게 되었다. 예수님께서 이 세상에 오셔서 사람의 몸으로 계시는 동안 어떤 모습이었던가? 〈히브리서〉에 그 모습을 함축적으로 나타내주셨다.

> 그는 육체에 계실 때에 자기를 죽음에서 능히 구원하실 이에게 심한 통곡과 눈물로 간구와 소원을 올렸고 그의 경건하심으로 말미암아 들으심을 얻었느니라 그가 아들이시면서도 받으신 고난으로 순종함을 배워서(히 5:7~8)

주님은 헐벗고 버림받았으며 고통스러우셨을 것이다. 온통 죄뿐인 세상에 오셔서 죄인 줄 모르고 죄악 속에 죽어가는 이들을 보시면서 얼마나 힘드셨을까? 기도할 필요가 없으셨던 주님이 심한 통곡과 눈물로 간구와 소원을 올리셨다는 말씀 아닌가? 그런데 그토록 슬픔과 통곡 속에 지내시던 예수님께서 최고로 기뻐하신 장면이 〈마태복음〉에 있음을 알았다. 바로 제자였던 베드로가 신앙고백을 하는 순간이었다.

> 예수께서 빌립보 가이사랴 지방에 이르러 제자들에게 물어 이르시되 사람들이 인자를 누구라 하느냐 이르되 더러는 세례 요한, 더러는 엘리야, 어떤 이는 예레미야나 선지자 중의 하나라 하나이다 이르시되 너희는 나를 누구라 하느냐 시몬 베드로가 대답하여 이르되 주는 그리스도시요 살아 계신 하나님의 아들이시니이다 예수께서 대답하여 이르시되 바요나 시몬아 네가 복이 있도다 이를 네게 알게 한 이는 혈육이 아니요 하늘에 계신 내 아버지시니라 또 내가 네게 이르노니 너는 베드로라 내가 이 반석 위에 내 교회를 세우리니 음부의 권세가 이기지 못하리라 내가 천국 열쇠를 네게 주리니 네가 땅에서 무엇이든지 매면 하늘에서도 매일 것이요 네가 땅에서 무엇이든지 풀면 하늘에서도 풀리리라 하시고(마 16:13~19)

어렵고 힘들 때마다 이 말씀을 고백해본다. '오늘도 우리 주님은 이 고백을 기뻐하시지 않겠는가' 하는 생각과 더불어 '주님이 기뻐하시는 사람으로 있을 때 내 원함을 들어주시지 않을까' 하는 어린아이 같은 마음도 있기 때문이다.

예수님께서 제자들에게 여러 가지 일을 보여주셨고 가르치셨다. 제자들이 하나님께서 명령하신 사명을 이루어가길 원하셨기 때문이었다. 그러나 제자들을 통해 우선 듣고 싶으셨으며 기대하신 것은 진정한 신앙고백이었으리라 생각한다.

"주는 그리스도시요 살아 계신 하나님의 아들이시니이다."

이와 같은 참된 신앙고백 안에 주님의 몸 된 교회를 세우는 일이 가능하다는 것을 발견하게 된 것이다.

교회 개척에 대한 열망

내가 너희에게 이르노니 이와 같이 죄인 한 사람이 회개하면 하늘에서는 회개할 것 없는 의인 아흔아홉으로 말미암아 기뻐하는 것보다 더하리라(눅 15:7)

하나님은 오늘도 사람 살리는 일을 가장 우선에 두신다는 말씀이다. 영혼 구원을 위해서는 교회가 필요하다. 가장 효과적인 구원의 전진기지가 아닌가 싶다. 이때쯤 교회 개척에 대한 열망이 맘속 가득 차고 있었다. 개척 교회를 하고 싶은 마음이 가득해서인지 길을 걸어가면서도 차를 타고 가면서도 눈에 들어오는 것은 오직 교회뿐이었다. 어디를 가든 교회가 있으면 들여다보려고 기웃거렸다. 사모함이라고 해야 할까, 미쳤다고 해야 할까, 그렇게 교회를 가슴에 두고 설레는 마음으로 수년을 살았다.

신학을 공부하면서 바로 생업을 포기했기 때문에 가정생활이 참혹했다. 학교에서는 기숙사 생활을 했다. 주말에 집에 돌아왔는데 아침에 아내가 식사 준비를 하지 않는 것이었다. 눈치를 보니 심각한 얼굴이었다. 왜 아침 식사 준비를 하지 않느냐 물으니 나를 물끄러미 바라보던 아내가 이렇게 말했다. "오늘은 미안하지만 아침을 못하겠네요. 가스가 떨어졌어요." 그날 우리 가정은 700원 하는 부탄가스 하나 사올 형편도 못 되었다. 아내가 나를 보더니 씩 웃었다. 순간 아내가 너무 힘이 들어 이상해졌구나 싶었다. 왜 웃느냐고 물으니 "처량하고 불쌍해서 그래요"라고 한다.

이런 가난이 복음 때문이라고 변명을 한다면 참 괜찮아 보이는 장면이 될 수도 있을 것이다. 그러나 나의 무능함 때문이라면 너무나 비참한 일이 아닌가? 뭐라 형언할 수 없이 미안하고 부끄러우며 처참한 마음으로 굶고 앉아 생각했다. '이렇게 인간 구실도 못해 하나님 영광 가리고 누차하게 살려면 그만두자. 차라리 하나밖에 없는 생명, 되든 안 되든 복음을 위해서 힘을 다해 뛰어보고 헐벗고 매를 맞아도 사도 바울처럼 당당한 사명자가 되어보자. 결코 세상에 나태하고 무능한 사역자로 살지 말자'고 거듭 다짐했다.

이후로도 가난과의 싸움은 계속되었다. 그러나 바닥까지 내려앉은 생활은 하나님을 향한 소망으로 더 단단해지는 기회가 되었다. 당장 먹을 것이 없어 굶고 앉아 있어도 이는 마치 거룩한 믿음의 길인 양 생각되었고 주님만을 사모하며 살게 되었다. 당시 거의 매일

매일 눈물 속에 은혜 받았던 말씀이다.

> 만군의 여호와여 주의 장막이 어찌 그리 사랑스러운지요 내 영혼이
> 여호와의 궁정을 사모하여 쇠약함이여 내 마음과 육체가 살아 계시
> 는 하나님께 부르짖나이다 나의 왕, 나의 하나님. 만군의 여호와여
> 주의 제단에서 참새도 제 집을 얻고 제비도 새끼 둘 보금자리를 얻
> 었나이다 주의 집에 사는 자들은 복이 있나니 그들이 항상 주를 찬
> 송하리이다 주께 힘을 얻고 그 마음에 시온의 대로가 있는 자는 복
> 이 있나이다 그들이 눈물 골짜기로 지나갈 때에 그곳에 많은 샘이
> 있을 것이며 이른 비가 복을 채워주나이다 그들은 힘을 얻고 더 얻
> 어 나아가 시온에서 하나님 앞에 각기 나타나리이다 만군의 하나님
> 여호와여 내 기도를 들으소서 야곱의 하나님이여 귀를 기울이소서
>
> (시 84:1~8)

〈시편〉 84편을 읽고 또 읽으며 울고 울었던 그날이, 지금 돌아보
면 행복한 시간이었다. 말씀이 얼마나 가슴에 실감적이었는지, 말
씀이 얼마나 신실하게 살아서 초라한 마음을 붙들어주었는지 그날
의 은혜를 잊을 수가 없다. 한 해에 네 번씩이나 이삿짐을 싸는 상황
에서 이루 말할 수 없는 삶의 고단함이 있었다. 어찌 보면 삶의 모든
행위를 사치스럽게 생각하며 살았던 시절이다. 이는 하나님께 미친
사람만이 알 수 있는 신비한 비밀의 세계라고 할까. 이런 과정을 통
해 신비하게도 많은 것을 깨닫고 내면으로 어떤 상황과 형편도 겁

내지 않는 단단한 사람이 돼가고 있었다. 이것이 사도 바울의 고백과 같은 것일까?

> 내가 궁핍하므로 말하는 것이 아니니라 어떠한 형편에든지 나는 자족하기를 배웠노니 나는 비천에 처할 줄도 알고 풍부에 처할 줄도 알아 모든 일 곧 배부름과 배고픔과 풍부와 궁핍에도 처할 줄 아는 일체의 비결을 배웠노라 내게 능력 주시는 자 안에서 내가 모든 것을 할 수 있느니라(빌 4:11~13)

이후로 비가 새는 농가나 지렁이, 개구리, 지네 같은 벌레들이 달려 있는 비닐하우스에서도 별 고통 없이 살 수 있었던 것은 하나님께서 주신 비밀한 능력 때문인지도 모른다. 이런 낮아짐이 없었다면 아마 개척 교회를 섬기는 험한 일이 훨씬 힘겨웠을 것이다.

하나님께서는 서울 노원구 상계동, 경기도 용인시 풍덕천동, 시흥시, 안양시 동안구 평촌동에서 개척 교회 수업을 하게 하신 것 같다. 그때의 시간은 내가 의도적으로 계획한 일은 아니었지만 교회를 모르는 내게 참 소중한 것임을 알게 되었다. 어떻게 하면 교회가 되고 어떤 이유로 교회가 힘들어지는지 알아가는 기회가 되었다.

분명한 것은 교회가 사람의 힘으로 되는 게 아니라는 점이었다. 많은 변수가 있겠지만 교회의 성패는 거의 목회자가 하나님 보시기에 어떤 사람인가에 달려 있다는 생각을 하게 되었다. 사람들이 기대하는 어떤 재능과 능력, 지식과 실력보다 더 중요하고 우선될 일은 하나님 뜻에 합당한 목사인가 하는 것이다. 또 하나는 목회자가 성도들이 기대하는 것이 무엇인지를 깨달아 바르게 하기만 하면 교회는 교회다울 수 있다는 희망과 가능성을 보았다.

현장에서 부딪혀보니 교회 개척이 얼마나 힘든 일인지 실감할 수 있었다. 개척 교회를 하시는 목사님들이 얼마나 큰 사명감으로 헌신하시는지 체감하면서 많이 놀라기도 했다. 하지만 열정과 헌신보다 더 중요한 것은 어떻게 하나님 뜻에 합한 목회를 할 것인가이다. 이를 절박하게 고민하게 되었다.

'교회에 대한 선명한 목회 비전이 그려져 있어야 옳은 교회를 세울 수 있을 텐데 큰일이구나' 하는 고민을 무거운 마음으로 하게 되었다. "믿음은 바라는 것들의 실상이요 보지 못하는 것들의 증거니"(히 11:1)라는 말씀의 "실상"은 헬라어에서 '기초'를 뜻하는데 그 뜻이 확대되어 '본체', '확증', '실체'라는 의미로 사용된 말이다. 곧 믿음이란 막연한 야망을 말하는 것이 아니라, 말씀을 들을 때 우리 안에 그 말씀이 주시는 비전이 현실화되듯 감이 오는 것을 뜻한다.

내 계획은 아니었지만 몇 년 동안 새로 시작하는 교회를 네 번 섬기게 된 것은 우연한 일은 아니었다. 자연스럽게 견습생처럼 개척 현장을 익히게 되었던 것이다. 현장에서 깨달은 것은 교단은 달라도 개척 방법은 거의 유사하다는 점이다. 개척 목표나 동기, 목회 활동 등 시작과 진행 과정들이 비슷했다. 좀 더 특색 있는 교회를 했으면 좋겠다고 생각했다. 이 문제는 뒤에 내게도 큰 숙제가 되었고 고민이 되기도 했다.

개척 교회를 하면서

개척 교회를 하면서 가슴 아팠던 일이 몇 가지 있다. 전도에 힘을 쓰기도 전에 목회자의 생계가 발목을 붙잡고 목회를 뒤틀리게 했다. 거룩하고 신령한 목회가 어느 순간에 비참한 생존경쟁으로 내몰리더라는 것이다. 분명 복음이 복음 되지 못하게 하는 영적인 도전이란 생각이 몰려왔다. 복잡한 바닥 경쟁은 결국 목사들로 하여금 기본적인 목회 윤리마저 상실하게 했다. 영혼 구원을 빌미로 살아남기 위한 몸부림이 빚어내는 비참한 현실이었다. 한마디로 살벌하고 실망스러웠다. 또 한편으론 두려웠다. 날마다 실망스러운 사건들과 괴로운 일들이 눈앞에서 펼쳐졌다. 더 놀라운 것은, 이러한 일들이 교회의 본질에서 일탈된 것임이 틀림없는데도 남들이 다하기 때문에 의심 없이 또 다른 교회가 그러한 일들을 반복하게 되더라는 점이다.

또 하나 가슴 아팠던 일은 교회를 개척하면서 불신자를 전도하는 일에 몰입하기보다는 이사 오는 분들이나 다니던 교회에서 시험들어 방황하는 분들을 불러들이고자 하는 야심(?)이 개척 교회 목사들에게 있더라는 점이다. 그러다보니 개척 교회의 장소가 신도시 골목으로 몰리게 되고 전도보다는 기존 성도들을 유인하는 전도지와 교회를 꾸미는 일에 더 많은 신경을 쓰게 되었다. 하나님께서 교회를 그러한 목적 때문에 개척하도록 하시는 것인지 생각해보면 어딘지 길을 잘못 가는 것 같아 아쉬운 마음이 들었다. 하나님께서 기뻐하시는 교회를 세우려면 결국 불신자를 전도하는 교회여야 한다고 생각하게 되었다.

우리 교회를 개척했을 때 교직에 있던 매형이 당진에서 살고 있었다. 당진에서 유일하게 내가 아는 분이었는데 누나와 함께 개척 교회 마당에 찾아왔다. 무엇을 도와줄까 하는 눈치였다. 참 부담스러웠다. 마침 매형은 은퇴가 가까워지자 퇴직금의 십일조를 우리 교회에 드리면 어떨까 고민하는 것 같았다. 그때 나는 단호하게 말했다.

"매형, 제가 사람에게 기대하는 마음을 품고 있었다면 교회를 시작도 안 했을 것입니다. 부탁입니다. 죽든 살든 하나님과 씨름할 생각이니 우리 교회에 오지 말아주세요. 그리고 혹시 헌금하실 맘이 있으시면 다니시는 교회에 드리시고 그 교회에 충성해주세요."

그 일로 누나와 매형은 무척 섭섭해하셨다. 그래도 마음이 놓이지 않았는지 두 분이 20만 원인가 들여 유선전화기 한 대를 봉헌하셨다. 이 전화기는 지금도 사용하고 있다. 대책 없이 개척을 시작하는 동생을 얼마나 가슴 아파하며 돌봐주고 싶으셨는지 누구보다 잘 알고 있기에 전화기를 볼 때마다 누이와 매형을 대하는 것 같다. 매형은 이미 천국에 가셨고 늙은 권사 누이가 종종 들르지만 지금도 누이는 시내에 있는 장로교회에 출석하고 계신다. 당시 외롭고 힘든 시간에 여러 가지로 두 분께 받은 사랑이 많기에 평생 감사하는 마음을 품고 살아간다.

일가친척이라도 개척 교회로 이동해 오시는 것을 철저히 막았고 지인 중에 그 어느 누구, 심지어 형제들한테도 만 원 한 장 받지 않았다. 친형님과 가족들이 많지만 나는 개척 소식도 10여 년 동안 일절 알리지 않았다. 얼마 전 모친이 백수를 하고 소천하셨다. 문상을 오신 부산동일교회 정금출 장로님께서 내 형제들이 많은 것을 보시고 깜짝 놀라면서 물으셨다. 개척할 때 아무도 없었고, 신학대학원 졸업식, 입당 예배, 안수식 같은 큰 행사에 항상 혼자여서 고아인 줄 알았는데 어디서 형제들이 이리 많이 왔느냐는 것이다. 이 상황을 이해할 수 없노라고 의아해하셨다. 아마 가족사가 복잡한 사람이라 그렇게 살았느냐는 의구심이 있는 질문 같았다.

오직 하나님 앞에서 순수한 마음과 온전한 믿음으로 교회가 교회로 세워지길 진실로 기대했다. 어렵고 좁은 길이었지만 지금까지 그 마음을 품고 섬기고 있다. 12년 후 교회 성도 가운데 89퍼센트가 이곳에서 세례를 받았다는 걸 알게 되었다. 우리 교회로부터 멀지 않은 교회에서 분열이 일어나 20여 명이 단체로 오면 안 되겠느냐고 대표인 분이 찾아와 상담한 적이 두 번 있었다. 당시 20~30명이면 큰 숫자였다. 대단히 끌리는 요청이었다. 그러나 처음 먹었던 마음이 흔들리지 않고 그 요청을 거절한 것은 지금 생각해도 잘한 일이라고 본다.

어떤 교회를 세울 것인가

교회 개척보다 더 중요한 것은 어떤 교회를 세울 것인가 하는 문제라고 생각한다. 개척을 시작할 무렵 주변 교회들을 돌아보고 예배에 참석하면서 지역 교회가 하고 있는 일을 파악하고자 했다. 그런데 개척 멤버였던 집사님이 어느 날 느닷없이 "전도사님, 우리가 교회를 왜 해야 하는 거죠? 좋은 교회들도 많고 골목마다 교회가 넘치고 있는데 우리가 또 하나의 교회를 해야 할 이유가 뭡니까?"라고 묻는 것이었다. 당황스러웠다. 정말 정곡을 찌르는 질문이었고 이 질문은 하나님께서 물으시는 것같이 들렸다.

의욕이 있었고 사명감도 투철했지만 우리가 세워야 할 교회가 어떤 목적으로 이곳에 세워져야 할 것인가가 희미했다. 일반적인 교회를 하나 더 세워야 할 이유가 뭐란 말인가? 물론 교회를 세우는 문제는 "오직 성령이 너희에게 임하시면 너희가 권능을 받고 예루살렘과 온 유대와 사마리아와 땅끝까지 이르러 내 증인이 되리라"(행 1:8)는 말씀을 기본 사명으로 삼고, "그러므로 너희는 가서 모든 민족을 제자로 삼아 아버지와 아들과 성령의 이름으로 세례를 베풀고 내가 너희에게 분부한 모든 것을 가르쳐 지키게 하라 볼지어다 내가 세상 끝 날까지 너희와 항상 함께 있으리라"(마 28:19~20)는 예수님의 명령을 따르는 것이다. 그런데 나만의 특색을 찾지 못하고 교회를 세우면 참으로 불행한 일이 아니겠는가? 그때의 일이 생각나 지금도 종종 목사님들께 이 질문을 던져본다. 놀라운 것은 이 질문 앞에 반듯하게 바로 대답하시는 분들이 그리 많지 않았다는 점이다. 대답이 두루뭉술하다는 것이다.

"상식이 통하는 교회."

십 년 전쯤 분당에서 본 한 교회의 표어가 기억난다. 교회가 일반적인 사고에서 벗어나 있다는, 상식에도 모자란 교회들이 있다는 말이 아닌가? 성도들이 말하지는 않지만 상식 이하의 교회들 때문에 흔들리고 있다는 말로 들렸다.

'우리는 어떤 교회를 세워야 할 것인가?'라는 질문 앞에 막연히 품고 있었던 비전을 구체화해야겠다고 생각했다. 교회를 시작하기 전에 교회 비전부터 정리하려는 것이었다. 교회론에 관련된 책을 찾아 읽기 시작했다. 많지는 않지만 몇 십 권을 읽고 나니 교회가 무엇인지 좀 더 구체화되었다. 그리고 성경에 있는 교회들을 찾아보기로 했다.

교회를 고민하면서 성경을 대하니 성경 속에 정말 많은 교회가 보였다. 에덴동산(기쁨의 동산)도 하나님 나라요, 아담이 섬기는 가족 교회였다. 그 축복되고 가장 안전했을 에덴동산 교회가 무너진 것은 "먹기만 하면 하나님같이 될 것"이라는 사단의 말에 인간 깊숙이 숨어 있던 탐욕이 불타올랐기 때문이라고 생각되었다. 오늘날도 여기에서 자유롭지 못한 교회가 많은 듯싶다. 다음으로 노아 방

주 교회가 보였다.

> 여호와께서 사람의 죄악이 세상에 가득함과 그의 마음으로 생각하는 모든 계획이 항상 악할 뿐임을 보시고 땅 위에 사람 지으셨음을 한탄하사 마음에 근심하시고 이르시되 내가 창조한 사람을 내가 지면에서 쓸어버리되 사람으로부터 가축과 기는 것과 공중의 새까지 그리하리니 이는 내가 그것들을 지었음을 한탄함이니라 하시니라 그러나 노아는 여호와께 은혜를 입었더라 (창 6:5~8)

패역한 세대 가운데 은혜를 입은 노아는 방주 교회를 지었다. 가족과 택함을 받은 동물들만 생명을 구할 수 있었다. 이것이 교회의 축복이 아니겠는가? 그리고 75세의 아브라함을 통해 족장 교회를 세우신다. 먼저는 자기 친척과 아비 집을 떠나 구별되게 하시고 "땅의 모든 족속이 너로 말미암아 복을 얻을 것이라"(창 12:3)는 비전을 주셨다. 75세가 되도록 자손 하나 없었던 아브라함에게 하나님의 언약은 그를 바꾸는 축복의 시작이었다. 이런 비전 속에 시작된 아브라함 족장 교회는 요셉으로 이어져, 고센 땅에 한 나라를 세울 수 있는 민족 교회로 부흥하게 되었던 것이다. 이스라엘 민족이 겪은 고센 땅에서의 고단한 역사는 출애굽의 동기가 되었고, 하나님께서는 그들을 젖과 꿀이 흐르는 땅을 바라보는 꿈꾸는 민족으로 만들어가셨다.

그러나 그들은 불행했다. 불 기둥, 구름 기둥 아래에서 신령한 만

나를 먹으면서도 하나님을 원망하는 일과 불신앙으로 끊임없이 흔들렸다. 그리고 결국 광야에서 모두 죽었다. 여호수아는 가나안 정복의 비전을 이루어갔다. 여호수아와 갈렙은 가나안 정복이라는 비전으로 달려갔던 리더였다. 그러나 가나안 정복은 그들이 한 것이 아니라 완전히 하나님 홀로 만드신 작품이었다. 그들은 믿음으로 가기만 하면 되는 길이었다. "내가 모세에게 말한 바와 같이 너희 발바닥으로 밟는 곳은 모두 내가 너희에게 주었노니"(수 1:3)라는 말씀으로 그것을 알 수 있다.

모세의 비전은 그렇게 여호수아의 비전이 되었고 민족의 비전이 되었다. 여호수아를 향한 하나님의 말씀을 보면 하나같이 힘과 소망을 주시는 것이었다.

강하고 담대하라 너는 내가 그들의 조상에게 맹세하여 그들에게 주리라 한 땅을 이 백성에게 차지하게 하리라 오직 강하고 극히 담대하여 나의 종 모세가 네게 명령한 그 율법을 다 지켜 행하고 우로나 좌로나 치우치지 말라 그리하면 어디로 가든지 형통하리니 이 율법책을 네 입에서 떠나지 말게 하며 주야로 그것을 묵상하여 그 안에 기록된 대로 다 지켜 행하라 그리하면 네 길이 평탄하게 될 것이며 네가 형통하리라 내가 네게 명령한 것이 아니냐 강하고 담대하라 두려워하지 말며 놀라지 말라 네가 어디로 가든지 네 하나님 여호와가 너와 함께하느니라 하시니라(수 1:6~9)

가나안 정복은 결국 하나님 나라를 세우기 위한 하나님의 비전이 아니었나 싶다. 교회는 하나님의 꿈을 이루어가는 목적을 품은 신령한 공동체란 생각이 들었다. 신약에서 120명이 모인 다락방 기도 공동체를 통해 예루살렘교회가 세워졌다. 예루살렘교회는 놀라운 성령의 임재 속에 세워진 교회였다(행 2:2~3).

성령 충만을 받은 제자들과 동역자들은 각 나라의 방언을 하게 되었고 성령의 이끌림을 받아 길에 달려나가 복음을 전파하게 되었다. 그들이 전한 복음은 능력이 되어 사람들을 회개하고 자복하게 만들었으며 그로 인하여 놀라운 부흥이 일어났던 것이다. 이것이 사도행전 교회의 시작이었다. 정죄하고 고발하였던 율법 시대에서 용서와 영생을 주는 복음 시대로 나아가는 길이 이렇게 열렸다. 복음을 통해 이제는 더 이상 죄의 종으로 살아가지 않는 길이 생겼고 그 복음을 전하는 전진기지로 교회 공동체가 세워진다.

목적을 잃어버린 교회

사도행전 교회는 성령 교회였다. 그런데 놀라운 하나님의 역사가 있었던 예루살렘교회가 교회의 본질을 잃고 말았다. 큰 부흥과 풍성해진 교회가 선한 일을 해야겠다고 생각한 것이 구제로 나타난 것 같다. 부흥이 가져다준 풍요는 자연스럽게 가난한 이웃들을 돌아볼 마음으로 이어졌을 것이다. 그러나 하나님은 교회가 구제 본부로 세워져가길 원하지 않으셨음이 분명했다. 이내 교회는 내적인 불만들이 일어났고(행 6:1~2), 하나님의 기쁨이 되지 못했다. 사도들은 잃은 양을 찾아다녔지만 하나님은 스데반의 순교 이후 이스라엘 공동체를 유럽으로 흩어버리셨던 것을 볼 수 있다(행 6~7장). 디아스포라(흩어진 사람들)는 이후 선교의 전진기지 역할을 한다. 그 가운데 안디옥교회는 선교에 중점을 둔(행 13장), 목적을 신실하게 수행하는 교회가 되었다.

교회의 존재 목적은 하나님께서 원하시는 시대적·사회적 사명을 바로 알고 세워지는 데 있음을 나는 깨닫게 되었다. '왜 교회를 개척하려고 하는가?'라는 질문을 통해 번쩍 정신을 차리게 하신 집사님과 하나님께 정말 감사했다.

교회의 그림이 그려지다

내가 세워야 할 교회의 그림이 그려지기 시작했다. 그당시 IMF 외환 위기로 H사가 부도를 맞아 작은 시골은 경제 파탄에 허덕이고 있었다. '이분들을 살리는 일부터 시작하자'라고 생각했다. '우리도 가난한데 무엇을 한단 말인가?' 하는 생각도 들었지만 우리에겐 복음이라는 가장 큰 무기가 있지 않은가! 이런 마음으로 무너져가는 농가를 청소하기 시작했다. 오랜 고민과 기도를 통해 점점 교회의 방향이 잡혀가기 시작했다.

무너진 가정이 복음으로 회복되는 하나님의 역사하심이 있는 교회, 또 하나님의 나라를 세워갈 다니엘 같은 신실한 믿음의 자녀들을 양육하여 파송하는 교회를 세우자는 것으로 목적이 선명해지기 시작했다. 좋은 목적은 그 시대와 지역의 상황을 심중에 품을 때 이루어지는 것이라고 생각한다. 한마디로 표현한다면 복음을 통해 세상에서 지친 분들의 회복을 돕고 다음세대를 키우는 교회를 세우자는 분명한 목적을 붙잡을 수 있었다.

하나님의 비전이 우리 교회의 비전이 되고 하나님의 꿈이 우리의 꿈이 될 때 하나님께서 일하시는 교회로 세울 수 있을 것이라고 생각한다. 모세는 출애굽을, 여호수아는 가나안 정복을, 바울은 이방인에게 복음 전파를 위해 달렸다면 우리는 이 땅에 헐벗고 굶주리며 실패한 이웃들을 품고 회복시키며 연약한 지체들을 다니엘 같은 신실한 사람으로 세우는 데 목적을 품고 달려가기로 했던 것이다. 이 꿈은 지금도 계속되고 있고 그동안 놀라운 열매를 맺는 복된 소망이 되었다. 이 꿈 때문에 오늘까지 수많은 역경을 이겨낼 수 있었다고 생각한다.

가난한 동역자들

죽음이 매일 다윗의 눈앞에 넘실거리고 있
었던 시절이었다. 사울 왕이 그를 제거하기 위하여 특공대를 동원
하고 그의 뒤를 쫓은 지 수년이 지났다. 하루 이틀도 아니고 다윗이
살아 있다는 것이 기적이었다. 궁급한 다윗이 살기 위하여 적국인
블레셋으로 달아났던 일은 '오죽 급박했으면 그랬을까' 하는 생각
이 들게 만드는 장면이다.

그러므로 다윗이 그곳을 떠나 아둘람 굴로 도망하매 그의 형제와 아
버지의 온 집이 듣고 그리로 내려가서 그에게 이르렀고 환난당한 모
든 자와 빚진 모든 자와 마음이 원통한 자가 다 그에게로 모였고 그

는 그들의 우두머리가 되었는데 그와 함께한 자가 사백 명가량이었더라(삼상 22:1~2)

아둘람 굴에 모인 사람들

개척 교회를 하겠다고 나선 길이었지만 당시 내게는 아무것도 없었고 오직 가난과 굶주림, 어둠만 가득한 시절이었다. 한 주 예배를 드리면 보통 헌금이 2,000원이었다. 더 하려는 마음은 굴뚝같지만 손에 가진 것이 전무한 시절이었다. 실업자 청년이 가장인 한 가정과 내가 드릴 수 있는 모든 것은 2,000원뿐이었다. 예수님 앞에서 두 렙돈을 드렸던 여인의 것보다 마음으로야 더하면 더했지 모자람이 없는 모든 것이었다.

내겐 이미 가난이 너무 깊었고, 가난은 사람을 비굴하고 초라하게 만들었다. 가난이 슬픔이고 비굴한 것이며 열등감이고 죄책감이란 것을 경험해보지 않은 사람은 잘 모를 것이다. 길거리에서 전도를 하다가도 번듯한 사람을 만나면 기가 죽었다. 괜히 위축되었고 비굴했다. '내가 왜 이러지?' 하고 자신을 수도 없이 채근해보았지만 내려앉는 초라한 마음은 어쩔 수 없었다.

가난한 내가 전도를 다니면서 모셔오는 분들도 역시 가난하고 바닥까지 내려앉은 이들뿐이었다. 동병상련이라고 할까? 전도를 다니면 말이 통하는 분들이 있는 법이다. 나처럼 무너져 더 이상 내려갈 길이 없는 분들만 눈에 띄고 그분들께 말을 걸면 서로 통하는 것이 있었는지 그분들은 쉽게 전도되어 교회에 오시는 것이었다.

아내는 누가 와도 10분을 넘기지 않고 음식을 내왔다. 아내의 손은 마술사의 손과 같았다. 성도는 얼마 없었어도 한 달에 쌀 몇 가마를 뚝딱 해치웠으니 얼마나 가난하고 굶주린 분들과 함께 지냈는지 짐작하게 된다.

얼마 전 새벽 기도를 마치고 돌아오는데 아내가 대문을 열지 못하고 있었다. 대문에 지문 인식 잠금 장치를 달았는데 아내의 지문이 닳아 없어진 것이었다. 이제 성도가 몇 천 명이면 사모가 그리하지 않아도 될 것 같지만 지금도 그 습관대로 사택은 항상 열려 있고 성도들은 자유롭게 오간다. 우리 가족만이 앉아 식사를 해본 날이 별로 기억에 없다.

몇 해 전에는 냉장고 손잡이가 부러졌다. 아이들까지 자유롭게 드나들면서 일어난 일이다. 밥을 하고 나누며 행복했다. 몸은 지쳤어도 본질적으로 초대교회와 같이 날마다 모이기를 힘쓰고 떡을 떼며 교제하는 것을 실현하면서 살아간다고 할까? 가난하고 힘든 분들과 함께하면서 사람의 마음과 마음이 오가는 모습이 얼마나 복된 일인지를 알아갔다. 초대교회처럼 소유 개념을 초월한 공동체가 세워지고 있었던 것이다.

복음의 능력을 삶에서 볼 수 있는 참 좋은 교회였다. 가난했던 사람들이 지금은 어엿한 사회인이 되었고 지도자들이 되었으며 성공적인 가정을 이루고 있다. 엄마 없이 마당을 서성이던 아이들이 자라 교수가 되었고 직장인이 되었으며 좋은 대학에 다니고 있다. 놀라운 하나님의 은혜다.

가난했지만 내 안에는 꿈이 있었다. 교회를 통한 하나님의 비전이 부글거리고 있었다. 아둘람 굴의 사건을 좋아한 이유가 있다. 다윗이 가장 초라했던 시절에 모여든 이들은 하나같이 힘든 처지의 사람들이지 않았던가! 자신의 삶에 희망이 없어진 사람들이 다윗을 바라보며 모였던 것이다.

사울에게 군대와 세상 권세가 있었다면 다윗에게는 하나님이 계셨다. 우리 교회가 그렇게 세워져가고 있었다. 가난하고 병들었으며 환난당하고 벌거벗은 사람들이 모여 하나님 때문에 힘을 얻고 하나님을 찬송하는 삶으로 회복되었던 것이다. 이것이 교회의 비전이 되었다. 시간이 흘러가면서 이 비전이 얼마나 많은 대가를 지불해야 하는 힘든 일인지 알아가게 되었지만, 상황이 매우 열악했기 때문에 행복한 꿈이 될 수 있었다고 생각한다. 그렇게 시작된 교회는, 꿈이 믿음이 되어 수많은 열매를 맺게 되었다.

성경대로 하라

성경에 나오는 개척의 모습과 오늘날 교회의 그것은 많이 다르다. 달리는 걸음을 멈추고 정직한 눈으로 교회를 들여다보면 교회는 복음으로 포장된 처절한 생존경쟁의 또 다른 현장이라고 말할 수 있다. 성경에서 벗어난 교회를 하겠다고 생각하는 목회자는 없을 것이다. 그러나 우리는 우리도 모르는 사이에 성경에서 보여주는 교회 모습에서 많이 빗나간 것 같다. "그들의 열매로 그들을 알리라"(마 7:20)고 하신 말씀이 두렵기만 하다.

네 번의 개척 교회를 섬기면서 교회는 오직 성경의 원리에 가까울수록 강하게 된다는 사실을 깨달을 수 있었다. 나의 교회관은 〈사도행전〉에 나오는 교회를 모태로 한다. 물론 수많은 교회가 다 같이 사도행전적인 교회를 꿈꾸며 시작했다. 그러나 그런 교회를 만나는 것은 쉽지 않다. 현실과 상황이 그만큼 녹록지 않기 때문일 것이다. 그러나 개척을 꿈꾸는 분을 만나 말할 수 있는 기회가 있다면 꼭 권하고 싶은 말이 있다. 성경대로 하라는 것이다. 그 길은 매우 좁고 남들이 많이 가지 않지만 반드시 승리하는 길이다. 10년만 바른 길을 달려가면 반드시 하나님께서 열매를 주신다고 알려드리고 싶다. 내가 경험한 일이기 때문에 자신 있게 주장하고 싶다.

> 경기하는 자가 법대로 경기하지 아니하면 승리자의 관을 얻지 못할 것이며 수고하는 농부가 곡식을 먼저 받는 것이 마땅하니라
>
> (딤후 2:5~6)

루디아를 만나라

당시 온누리교회에서 목요일마다 강해 설교 학교가 열리고 있었다. 기회가 있다면 꼭 하용조 목사님께 조언을 듣고 싶은 일이 있었다. '개척 교회를 위하여 정말 중요한 준비 사항들이 무엇일까?' 하는

문제였다.

어느 날 드디어 여쭈어보게 되었다. "목사님, 개척 교회를 하려면 무엇부터 준비해야 할까요? 개척 자금은 얼마 정도면 적당하고, 어떤 식으로 개척 교회를 시작해야 하며, 무엇을 잘 준비해야 할까요?" 그날 주제와 상관없이 불쑥 질문을 드렸는데 목사님은 바로 답해주셨다.

"나 같으면 루디아를 찾아보겠어요. 루디아를 찾아 산 기도를 가보세요. 하나님께서 만나게 해주실 거예요."

'에잉~ 이런 말을 듣고 싶은 게 아니었는데 좀 더 실제적인 노하우를 알려주실 줄 알았더니' 하는 생각을 하고 돌아왔다. 아마 나는 '자금은 아무리 없어도 한 2억 원 정도는 준비해야 할 것입니다. 그리고 지역을 정밀히 조사해서 인구 유입 상황을 파악하십시오. 그 도시민의 수준도 잘 파악하여 거기에 맞는 목회 전략을 짜십시오' 라고 말씀해주실 걸로 기대한 것 같다.

물론 그렇게 알려주신들 그렇게 준비할 만한 자금 동원력이 없고 도시를 샅샅이 조사할 만한 능력도 없는 상황이었다. 하지만 뭔가 사람들이 보편적으로 생각할 수 있는 전략을 제시해주실 줄 알았던 것이다. 그런데 목사님은 너무도 간단하게 말씀하셨다. 관심이 없어 무성의한 답을 하시는가 싶어 목사님의 표정을 유심히 살폈는데 그건 아닌 것 같았다. 진심으로 그리 말씀하고 계신 것만은 확실했다. 그 말씀의 의미를 깨닫지 못한 채 고민은 많았고 길은 없는 답답한 시간들을 보내고 있었다.

그러던 어느 날 '사도 바울이 온다면 어떻게 교회를 개척할까? 이 시대에 예수님께서 오신다면 어떻게 하실까?' 하는 생각이 문득 들었다. 마음이 다급해졌다. 〈사도행전〉을 다시 열심히 살펴보기 시작했다. '건물을 세내고 인테리어를 꾸미며 아는 가족과 친지, 이웃 혹은 이전에 알고 지내던 성도를 불러 모아 예배드리는 일부터 시작하실까?'

성경에서 교회를 시작하는 것과 내가 생각하는 것은 거리가 멀어도 너무 멀었다. 굳이 따져볼 필요도 없었다. 사도 바울은 2차 선교 여행 중 고린도에서 아굴라와 브리스길라 부부를 만나 장막 깁는 일을 함께하면서 복음을 전했고, 곧 그 가정을 중심으로 교회가 세워졌다(행 18:1~4). 또한 빌립보에 가서는 자주 장사인 루디아를 만나 복음을 전하며 그녀의 가정에서 예배를 드리면서 교회를 세웠다(행 16:12~15).

브리스길라와 아굴라 부부는 나중에 사도의 목숨을 위하여 자신의 목이라도 내어놓는 동역자들로 세워졌음을 알 수 있다(롬 16:4). 시대는 다르지만, 오늘날에도 이와 같은 방법이 가장 성경적인 개척 모델인 것 같았다. 교회는 건물도 재물도 아니고, 하나님의 뜻을 같이할 수 있는 동역자를 만나면 시작되는 것 같았다. 한 해가 지나서 하용조 목사님의 조언이 깨달아진 것이다. 그렇다면 나와 함께 할 루디아는 어디에 있단 말인가? 생각은 정리되었지만 현실 속의 루디아를 만나는 것은 쉬운 일이 아니지 않은가? 믿음으로 나갈 때 항상 흔들리는 점은 말씀은 맞는데 현실이 따르지 않는다는 것이다. 루디아 같은 개척 멤버는 쉽게 나타나지 않았다. 그러나 우선은 일생을 같이할 아내가 있었다. 세 살, 일곱 살 두 아들이 있었다. 아무도 없는 내 앞에 어린아이도 힘이 될 것만 같았다.

평촌에서 만난 신혼의 가난한 부부가 개척 멤버였다. 가진 것은 없어도 교회 비전을 공유하고 밤이 새도록 같이 기도하며 한 사람이라도 교회에 등록하면 달려가 환영해주고 음식을 나누며 친교를 하고 교회를 위해 힘써준 가정이었다.

비록 24세의 젊고 어찌 보면 철이 없는 부부였는데, 개척 초기 이 가정을 붙여주시지 않았더라면 얼마나 어렵고 힘들었을까 생각하면 참 감사하다. 루디아, 브리스길라와 아굴라, 뵈뵈는 멀리 있는 것이 아니다. 함께하는 분들이 바로 동역자인 것이다.

평촌 신도시에 사람들이 한창 입주할 무렵이었다. 상가 식당에서 만삭이 된 자매를 만났다. 말없이 한참을 앉아 있다가 내가 라면을 시켜놓고 말문을 열었다.

"자매님, 내가 개척하러 시골에 가는데 같이 갈 마음은 없는지요?"

갑작스런 제안에 당황하는 듯했다. 그러나 이내 "어디로 가시는데요?"라고 묻는다.

"충남 아산시 인주라고 하는 곳인데 자동차 공장이 생기고 있습니다. 그 공장 앞마을입니다."

"그래요? 그곳에 가서 우리는 뭐하고 살아요?"

이제 내가 난감했다.

"무엇을 먹을까 마실까 염려하지 말라 하셨지요. 그런 것은 이방인들이 걱정하는 문제라고요. 하나님이 책임지실 것입니다. 그 공장에 취업하면 좋지 않겠습니까? (이 말을 하나님이 들으셨는지 남편은 정말 다음 해 그 공장에 취업해 다니게 되었다.) 그러나 저러나 제가 정말 성경적인 교회를 세워보고 싶은데요. 같이해주시면 정말 좋겠습니다."

어찌 보면 정말 황당한 대답이었다. 그러나 현실적인 답을 줄 수 없었기에 성경대로 주장할 수밖에 없었다. 그런데 그 자매님이 이내 말했다.

"좋아요, 전도사님! 같이 가겠습니다. 그런데 남편 좀 설득해주세요. 저는 가겠습니다."

자매님에게는 가정의 애로 사항이 많았다. 카센터에서 일하던 청년과 교회에서 결혼했는데 신랑의 수입으로는 생활을 유지하기 힘든 형편이었다. 물질적인 어려움이 신혼 초부터 있었던 것이다.

그렇게 나는 하나님의 뜻에 따라 개척 멤버를 만나게 되었다. 이 가족이 루디아 같은 가정이 될 줄은 아무도 모르는 비밀이었다. 그런데 이들은 청년 시절 목사님으로부터 강하게 기도 훈련을 받은 분들로 전천후 사역을 감당할 수 있는 준비된 자들이었다. 지금 이 가족은 장로님으로, 교구장으로 봉사하고 계시다. 함께 고단한 개척 교회를 세워온 기둥 같은 가정이다. 하나님은 그렇게 역사하신 것이다.

그들이 사도의 가르침을 받아 서로 교제하고 떡을 떼며
오로지 기도하기를 힘쓰니라 사람마다 두려워하는데
사도들로 말미암아 기사와 표적이 많이 나타나니
믿는 사람이 다 함께 있어 모든 물건을 서로 통용하고
_행 2:42~44

2부

시작

주님에 대한 사랑

놀라운 하나님의 은혜

고난 가운데 되뇌는 감사

고통 가운데 위로하시는 하나님

주님에 대한 사랑

 충청남도 아산시 인주면 밀두리에서 예배가 시작되었다. 이곳으로 이끌어주신 목사님께서 2주 정도 예배를 인도하신 뒤 전도사인 내게 교회를 해보라 하시고 떠나셨다. 뭔가 할 수 있으리라고 생각했는데 막상 교회를 시작하려니 눈앞이 깜깜했다. 예배 인원은 두 가정인데 뭐를 어떻게 시작해야 할지 모르겠고 모든 일이 다 낯설었으며 내 일이 아닌 것만 같았다. 하지만 꿈에도 소원이 된 사도행전 교회의 모습을 그리면서 하루하루 최선을 다한다는 마음으로 힘을 쓰고 있었다. 성경에 그려진 교회의 모습은 다음과 같은 말씀에서 볼 수 있다.

그들이 사도의 가르침을 받아 서로 교제하고 떡을 떼며 오로지 기도하기를 힘쓰니라 사람마다 두려워하는데 사도들로 말미암아 기사와 표적이 많이 나타나니 믿는 사람이 다 함께 있어 모든 물건을 서로 통용하고 또 재산과 소유를 팔아 각 사람의 필요를 따라 나눠주며 날마다 마음을 같이하여 성전에 모이기를 힘쓰고 집에서 떡을 떼며 기쁨과 순전한 마음으로 음식을 먹고 하나님을 찬미하며 또 온 백성에게 칭송을 받으니 주께서 구원받는 사람을 날마다 더하게 하시니라 (행 2:42~47)

이 얼마나 멋진 공동체인가? 성경 속에 예수님께서 세워주신 교회에서는 성도들이 성령 충만했고 복음 안에서 하나 된 가족이었음을 볼 수 있다. 내 것 네 것의 소유를 넘어선 사랑 공동체이고 기적과 표적이 나타나는 능력 공동체였으며 이웃들로부터 칭찬받는 공동체였다.

성도는 벽이 없는 이웃이었고, 말씀 안에 하나 된 영적인 가족이었다. 어떤 실수도 부족함도 품을 수 있고 가진 것을 서로 나누며 행복할 수 있는 그런 가족 공동체를 세워보고 싶었다. 교회 1층에는 철물점과 페인트 가게, 카센터가 있었다. 매일 점심 식사를 준비하여 배달했다. 식사 대접을 한 다음 커피를 드리면서 사귐을 가지려 했다. 밀두리 거리에 있는 모든 상가와 뒤편에 있는 200여 세대를 날마다 돌아다니면서 전도했다. 아내와 나를 따라 이곳에 온 자매님이 그렇게 애를 썼다. 내가 봐도 죽기 살기로 전도하는 모습이었다. 그러나 1층에서 2층으로 올라오는 계단 몇 개가 얼마나 높고 먼지 두 달이 지나도록 온 정성을 다해 집요하게 끌어봐도 끝내 그분들은 올라오지 않았다. 천국과 세상의 거리가 얼마나 멀고 험한지 실감하는 사건이었다. 목사님의 사랑과 관심 속에 세워진 밀두리 교회는 아쉽게도 두 달을 넘기지 못하고 문을 닫게 되었다.

밀두리교회에서 도문리 시골집, 시곡리 폐가로

그러던 1996년 어느 봄날 금요일, 뜻밖의 소식이 날아들었다. 당진시 송산면 도문리에 있는 가난한 가정의 가장이 소천하셨다는 것이다. 가서 보니 소천하신 분이 목사님이라고 했다. 서울에서 목회를 하시다가 어려운 형편 가운데 실명했고 처가가 있던 당진에 내려와서 가정에서 이웃 몇몇 분을 모시고 목회를 하신 것 같았다. 그러다가 갑자기 뇌출혈로 소천하셨다고 했다.

사모님의 슬픔이 얼마나 큰지 곁에서 차마 마주하기가 힘든 모습이었다. 어린 두 아이들이 내 아이들 같고, 돌아가신 목사님의 삶이 꼭 내 삶만 같았다. 나 역시 슬픔을 이기지 못해 설움이 복받쳐 울며 예배를 드렸다. 그때 사모님께서 간청하셨다. 불안과 두려움으로 힘들어하고 있는 아들들을 위해 내게 밤마다 와서 합심으로 기도해달라는 것이었다. 눈으로 봐도 둘째 아이는 얼마나 심하게 충격을 받았는지 홍역을 앓는 아이처럼 얼굴에 열꽃이 피어오르고 밤이 되면 소리를 지르며 일어나곤 했다. 그렇게 우리는 도문리 시골집의 작은 방에서 밤 9시가 되면 모여 매일 기도회를 하기 시작했다. 몇 달 동안 기도하는 중에 두 아들은 호전되어 밝아졌고 사모님도 안정을 찾아가셨다.

"그런데 아저씨는 누구슈?"라고 이웃 할머니가 물으셨다.

"아산 인주면에서 개척 교회를 하는 사람입니다."

"그~류. 근디 어떻게 여기까지 왔데유?"

"예, 그냥 오게 되었네요."

"근데 할머닌 교회 다니신데요?"

"예, 쬐금 댕겼는디 이제 소용없게 됐슈. 목사님이 가셨잖유. 참기가 막휴……."

"할머니, 그러지 말고 교회는 다녀야 하는데 저랑 가실래요?"

"어딘듀?"

"인주요."

"그리유. 그람 한번 델루 와봐유."

그렇게 일곱 명이 예배를 드리게 되었다. 그 주부터 모두 낡은 승합차에 모시고 아산시 인주면에 있는 교회까지 가서 예배를 드린 뒤에 다시 당진까지 모셔다드리는 여행이 시작되었다.

이내 여름휴가철이 되었고 서해안 해수욕장을 오가는 차량이 길을 가득 메웠다. 매주 차가 막혔다. 삽교천쯤 가다보면 오전 11시가 되었다. 당시에는 서해안고속도로가 뚫리지 않아 서울 가는 길이 인주를 통과하는 것밖에 없었는데 주일만 되면 길이 주차장처럼 꽉

하나님께서는 아산에서 당진으로 부르셔서 도문리 시골집에서 예배를 드리게 하셨다.

막히는 것이었다. 그러니 하나밖에 없는 이 길로 예배당이 있는 인주까지 가다보면 11시도 되고 12시도 되었다.

　3주가 지나자 차를 타고 다니던 할머니가 힘드셨는지 대뜸 "아이, 먼 길을 뭣 댐세 맨날 간데유? 그냥 우리 있는 디서 혀유~. 가봤자 우리뿐인디 뭐로 맨날 맨날 이 고생헌데유"라고 말씀하셨다.

　'아! 맞다!' 할머니 말씀이 합당했다. 예배 시간도 지킬 수 없는 길을 매주 갈 이유가 없지 않은가? 이렇게 해서 당진 땅에 예배 처소를 찾기 시작한 것이다. 할머니의 말씀이 교회의 운명이 될 줄 누가 알았으랴. 사도 바울이 환상 중에 마게도냐 사람이 우리를 와서 도우라 하신 것을 보고 선교 길을 바꿨던 것처럼 하나님께서는 낡

은 승합차 안에서 할머니를 통해 당진 땅으로 부르셨다.

돈 안 들이고 갈 수 있는 예배 처소를 찾기 시작했다. 비어 있는 농가가 있었다. 주인을 찾아보니 멀리 서산에 사는데 이 집은 2년 전 어떤 사람이 자살을 해서 비어두었다는 것이다. 이 집은 우리가 기도하던 도문리에서 약 20킬로미터 떨어진 당진읍 시곡리에 있었다. 집은 이미 허물어지고 있었다. 천장의 흙덩이가 떨어지며 여기 저기 벽이 무너져 없었다. 그나마 쓸 만한 곳은 마루뿐이었다. 마루 밑에는 소주병으로 가득 차 있었다. 꺼내보니 경운기 두 대 분량이 나왔다. 이전에 사시던 분이 홧김에 마신 술병이라 했다.

주저앉는 농가라도 감사했다. 도문리 가정에서 밤마다 예배를 드리던 일곱 명이 뜻을 같이하여 이곳에서 예배를 드리기 시작했다. 성도들은 마루에 앉고 나는 마당에 서서 설교를 했다. 설교하다 보면 추녀에서 흙덩이가 퉁 떨어지곤 했다. 그래도 감사했다. 우리가 맘 놓고 예배할 수 있는 처소가 이 땅에 있다는 것이 얼마나 감사하고 소중한 일인지 교회를 잃어버린 분들은 알 것이다.

환경은 참혹했지만 마음으로는 참으로 감사했다. 아내와 어린 두 아들. 개척에 함께해주신 윤봉자, 홍정석. 운전이라도 돕겠다고 서울에서 내려와 힘을 실어주신 장정홍, 길정애. 목수 일부터 아이들 주일학교 찬양 리더까지 무슨 일이든 힘과 은혜를 나눴던 장정규. 변함없이 가장 신실한 신앙의 모범이 되어주신 정순모. 슬픔을 믿음으로 극복하고 기도로 동역하신 이정자 사모님. 찬양과 반주로 수고하고 양육을 도우며 함께해주신 신경애. 어려움을 극복하여 좋은 믿음의 일꾼으로 성장한 광선이, 명선이. 신학순. 8월 15일 무더위 속에 8킬로미터 길을 걸어와 힘을 다해 섬기던 고등학생 이재실, 이민종, 박상현. 뒤에 부산동일교회에서 이곳으로 올라와 당진에 교회의 필요성을 알리고 개척을 청원했던 이병구 집사님 부부와 두 자녀. 모든 분의 땀과 기도, 수고를 통해 비록 손에 든 것은 없지만 하나님의 꿈을 품은 교회가 시작되었다. 오랜만에 그 이름들을 불러보니 새삼 반갑다. 감사하고 귀한 분들이다. 그때 사진을 바라보니 눈물이 난다.

작년에 무너진 건물을 찾아갔다가 그때 벽에 걸어둔 달력을 가

시곡리 폐가 근처에서 드리는 중고등부 예배. | 시곡리 폐가 앞에서 찍은 단체 사진.

져왔다. 소중한 그날의 역사가 달력 속에 멈춰 벽에 매달려 있었기에 참 반갑고 만감이 오갔다. 그때는 바람이 불면 뒷산에 대나무 숲이 우우 소리를 지르며 스산하게 울었고 합판으로 막아둔 벽들이 흔들거렸다. 비가 내리면 차량이 논둑길에 미끄러져 논두렁으로 들어가 오도 가도 못하게 되었고 비가 폐가 이곳저곳에서 새었지만, 우리의 마음은 교회를 기대하는 소망과 함께 한없이 기뻤고 감사가 넘쳤던 시절이었다고 회상한다.

시곡리 995번지 농가

1996년 가을, 여름이 지나가면서 갑자기 찬바람이 불어왔다. 하루아침에 기온이 뚝 떨어졌다. 마루에 앉아 예배드리는 일이 너무나 힘들어졌다. 더 이상은 추위에 견딜 수가 없었다. 그래서 추석이 되기 전에 예배 처소를 옮기게 되었다. 지금 교회가 있는 995번지 농가다. 노부부가 4대째 살고 계신 농가였는데 할아버지, 할머니를 전도했고 그분들께 사정해서 월 몇 만 원을 드리는 조건으로 주일 예배만 그 가정에서 드리는 것을 허락받았다.

　방에는 여성, 거실이라고 하는 추녀 밑에는 남성을 앉혀놓고 예배를 드렸다. 농가에서 한 주 예배드리고 두 번째 주일이 되었다. 추석 전 주일로 기억한다. 예배를 시작하려는데 밖에서 고함 소리가 나는 것이었다. 추석 명절이라 벌초를 하려고 서울에서 내려온 자녀들이 항의하는 소리였다. 당신이 뭐기에 시골 노인들을 구슬려 남의 집을 점령했느냐는 것이었다. 그분들 입장도 이해가 되었다. 노인들이 쉴 수도 없고, 자신들이 모처럼 내려왔는데 집에 들어갈 수 없게 된 것이다. 이 상황이 화를 불러일으킨 것이었으리라 생각되었다.

아침부터 술에 취한 것 같았다. 낫을 들고 당장 나가지 않으면 가만두지 않겠다고 소리를 지르고 있었다. 모인 성도들이 새파랗게 질려 바들바들 떨고 있었다. 도저히 예배를 진행할 수가 없었다. 하는 수 없이 밖으로 달려나가 사정을 했다. "죄송합니다. 어떻게 하든 오늘 이 예배만 드리고 당장 나가겠습니다. 오늘만 봐주세요." 사정을 하니 대충 분이 풀린 것 같았지만 이내 소리가 높아지고 있었다.

시곡리 995번지 농가에서 드리는 중고등부 예배.

시곡리 995번지 농가 앞에서 찍은 단체 사진.

상황이 어떻든 일단 예배를 드리기 시작했다. 신앙고백을 하려는데 호흡이 막혀왔다. "전능하사"라는 고백이 목에 걸린 것이다. 순간 2,000년 전 예루살렘에서 핍박받으신 예수님이 이 작은 시골 마을에서 오늘도 멸시받고 핍박받으시는가 하는 생각이 떠오르면서 설움에 복받쳐 더 이상 아무 말도 할 수가 없었다.

그렇게 목이 메어 입술을 악물고 버티고 섰는데 갑자기 거실 구석에서 환하게 빛이 났다. 놀라 눈을 뜨고 바라보니 예수님께서 하얀 빛 가운데 거실 구석에 오신 것이었다. 뼈밖에 없는 바짝 여위신 얼굴과 커다란 눈동자의 예수님께서 압도적인 눈빛으로 나를 바라보고 계셨다. 그 눈이 얼마나 선하고 깊으며 인자하셨는지. 예수님의 눈은 모든 악을 그 눈빛만으로도 다 소멸하실 것만 같은 선하심과 측은히 여기심으로 가득하였다. 그런 눈빛으로 나를 불쌍히 여기시며 바라보고 계심을 알 수 있었다. 그렇게 한동안 시간이 흘렀다. 이내 주님은 말씀하셨다. 아주 작지만 우렁찬 음성으로. 가슴이 바르르 떨리도록 들려주신 말씀은 간단했다. "저들을 두려워하지 마라. 내가 너와 함께할 것이다." 가슴이 아파 막혔던 눈물과 설움이 한순간 터져 나왔다. 주체할 수 없도록 내가 우니까 영문을 모르는 사람들도 따라 통곡했다. 눈물의 예배가 되고 말았다.

1시가 다 되어 예배를 마쳤다. 그리고 우리는 몇 가지 되지 않는 예배 짐을 꾸려서 그 집을 나왔다. 다시 갈 곳이 없는 나그네가 되었다. 세상은 넓고 크지만 문득 내가 설 곳이 없다는 생각이 몰려오면서 몇 날을 울었는지 모른다. 그냥 울고 울고 또 울었다. 주님을 만난 감격과 설움이 교차하면서 그렇게 울고 울었다.

비닐하우스 교회

갑자기 쫓겨나 갈 곳이 없었다. 어디로 가야 할지, 어떻게 해야 할지 막막한 마음으로 산골 밭 구석에 서 있었다. 나는 버림받은 사람인가 싶었다. '정상적인 교회에서 목회를 하면서 지낼 수 없는가? 왜 이렇게 낯선 시골까지 내려와 저토록 힘없고 연약한 분들과 갈 곳도 없이 방황하고 있어야 한단 말인가?' 내 모습이 너무나 초라하고 슬펐다. 서러움에 가슴이 메어 기도할 수 없이 눈물이 흐르고 있었다.

〈창세기〉 21장을 보면 불쌍한 하갈의 모습이 나온다. 우리는 일방적으로 하갈을 사라 앞에 버려질 수밖에 없는 사람으로만 생각하고 지나갈 때가 많다. 성경이 하갈을 그렇게 기록하기 때문이다. 그러나 하갈 입장에서는 기가 막힌 운명이 아니었을까? 내 입장이 처량해지니 성경도 그런 내용들이 보이는 것이었는지 모른다.

하갈은 애굽 여인으로 늙은 사라의 종이 되어 살았는데, 사라가 나이 들어 아이를 잉태하지 못하자 늙은 주인 아브라함에게 아들 낳을 목적으로 바쳐진 여종이 아니었던가? 결국 그는 아들 이스마엘을 낳았다. 그러나 이스마엘이, 아브라함이 100세에 낳은 이삭을 놀린 것이 빌미가 되어 하갈은 이스마엘과 함께 집에서 쫓겨나고 말았다. 성경은 그 모습을 다음과 같이 기록하고 있다.

> 아브라함이 아침에 일찍이 일어나 떡과 물 한 가죽 부대를 가져다가 하갈의 어깨에 메워주고 그 아이를 데리고 가게 하니 하갈이 나가서 브엘세바 광야에서 방황하더니(창 21:14)

아브라함은 아침 일찍이 떡과 물 한 부대를 하갈에게 메워주고 집을 나가라고 했다. 어린 아들을 손에 잡고 물 한 부대를 어깨에 메고 종일 광야 길을 걸었을 하갈. 그는 브엘세바 광야에서 방황했다. 어디로 가야할지, 앞으로 어떻게 해야 할지, 어떤 방법으로 살아가야 할지 모든 일이 깜깜했을 것이다. 그런데 가지고 온 떡이 동나고 이내 물마저 떨어졌다. 하갈이 자식을 떨기나무 아래 두었다. 그늘

비닐하우스에서 맞은 첫 성탄절. | 주일 예배 뒤 비닐하우스 앞에서 찍은 단체 사진.

같지도 않은 세 뼘 정도 자란 낮은 나무숲이다. 그 나무 밑에 죽어가는 자식을 앉혀둔다.

> 이르되 아이가 죽는 것을 차마 보지 못하겠다 하고 화살 한 바탕 거리 떨어져 마주 앉아 바라보며 소리 내어 우니 하나님이 그 어린아이의 소리를 들으셨으므로 하나님의 사자가 하늘에서부터 하갈을 불러 이르시되 하갈아 무슨 일이냐 두려워하지 말라 하나님이 저기 있는 아이의 소리를 들으셨나니 일어나 아이를 일으켜 네 손으로 붙들라 그가 큰 민족을 이루게 하리라 하시니라 하나님이 하갈의 눈을 밝히셨으므로 샘물을 보고 가서 가죽 부대에 물을 채워다가 그 아이에게 마시게 하였더라(창 21:16~19)

하나님께서 불쌍한 하갈의 눈을 열어주시니 광야에서도 샘물을 찾게 되었다.

그렇다. '우리가 눈이 있어도 보지 못하고 귀가 있어도 듣지 못하는 것이 저주가 아니었던가? 하나님께서 눈을 열어주시면 광야에도 길이 생기고 사막에도 물이 나는 것이 아닌가? 하나님께서 눈을 열어주시면 어디인들 길이 없겠는가? 홍해 바다에도 길이 있고 요단강도 길이 되지 않았던가?' 이런 생각이 들었다. 그래서 내가 어디로 가든 무엇을 하든 내가 사는 건 겁나지 않았다. 그런데 몇 명 안 되는 성도들이 안쓰럽고 그들에게 미안해서 늘 마음이 무거웠다.

몇 날을 기도하다가 근처의 밭을 빌렸다. 비닐하우스 재료들을 빌려다가 그 밭에 예배 처소를 만들었다. 문을 닫아뒀던 인주에 있는 교회에 가서 장의자 10개도 가져왔다. 그렇게 예배당의 모양이 갖춰졌다. 남들이 보기엔 형편없는 모습일지라도 내게는 부러울 것 없는 예배당이라는 뿌듯한 마음마저 들었다. 22평 비닐하우스, 그곳에도 하나님은 계셨다.

비닐하우스 위에 거적을 덮었다. 냉기를 막고 보온하기 위한 방편이었다. 홍정석 청년이 나무를 베어다가 껍질을 벗기고 하얀 페인트를 칠했다. 뭐하려는가 궁금했는데 그것으로 십자가를 만들어 비닐하우스 한편에 붙여 세웠다. 멀리서 보니 영락없이 묘지같이 보였다.

버림받은 사람의 마음

산속이라 하루 종일 오고 가는 사람이 없었다. 하루는 전도를 나갔다가 지쳐서 조금 일찍 들어왔다. 그런데 어떤 낯선 부인이 문을 열고 들어오는 것이었다.

"누구십니까?"라고 묻자 그 부인은 싱긋 웃으면서 되물었다.

"여기가 뭐하는 곳이에요?"

"네, 예배당인데요."

내 말을 듣더니 갑자기 깔깔 웃기 시작했다. 한참 웃더니 미안했던 모양이다. 죄송하다고 하면서 나가는 것이었다. 그래서 "여보세요. 잠깐만요" 하고 붙잡고서는 얼른 차를 한잔 들고 가서 드시라고 했다. 아니라고 사양하는데 굳이 차를 대접했다. 개척하면서부터 누구든 우리 문 앞에 오시는 분은 그냥 보내지 않는다는 생각으로 뭐든 대접하지 않고는 보내드리지 않는다고 했다. 부인은 하는 수 없이 차를 마시면서 기웃기웃 나를 살피고 비닐하우스를 살폈다. 그리고 그 후 그분이 몇 분을 데리고 오셨다. 그분은 치과의원 원장 부인이었고 주변의 이웃들을 데리고 오신 것이었다.

그런데 그 부인이 예배 시간에 훌쩍훌쩍 울곤 하셨다. 예배 후 점심 식탁 교제를 했는데 한번은 그분께 왜 그리 우시느냐고 물었다. 은혜 받아 그런 줄 알았던 것이다. 그런데 뜻밖의 대답을 하셨다.

"전도사님! 사실 저는 교회를 모릅니다. 그런데 첫날 논길을 산책하다가 여기 와서 전도사님 만나고 난 뒤 맘이 편치 않았습니다. 젊은 분이 뭘 하다가 이곳에 와서 저리하나 생각하니 참 안됐다 싶었어요. 그래서 친구들을 데리고 온 거예요. 뭔지는 잘 모르겠지만 전도사님이 땀을 뻘뻘 흘리며 설교하는 모습이 참 안됐고 불쌍해서 자꾸 눈물이 난 거예요."

"……."

괜히 질문했구나 싶었다. 민망했다.

이 정도로 죽을힘을 다해 복음을 외쳤다. 오늘 이 예배를 성공하지 못하면 다음이 없을지도 모른다는 절박한 생각으로 매주 사력을 다했던 것이다. 그분들을 보내주신 하나님께 너무나 감사했다. 내 힘으로 사람을 데려올 수 없었던 때라 더욱 그랬다.

당시 우리는 날마다 전도를 나갔지만 이 산속까지 따라오는 분은 없었다. 전도는 내가 하고 등록은 도심에 있는 교회에 하는 것이었다. 그 허탈함을 누가 알겠는가? 몇 달 동안 온갖 정성을 다하여 섬겨 드디어 교회에 나가겠다는 말을 들을 때는 춤을 추고 싶었다. 그래서 "모시러 갈까요?"라고 물으면 자신들이 직접 올 거라고 했다. 막상 주일이 되어 종일 눈이 빠지도록 기다리면 결국 오지 않았다. 월요일에 찾아가보면 가까운 교회에 등록했다며 마음은 그게 아닌데 죄송하다고 했다. 그러면 나는 "그래요? 잘하셨습니다. 어디든 교회를 잘 다니시면 됩니다. 예수님 잘 믿고 복 받으세요"라고 인사하고 돌아섰다. 그렇지만 마음은 어디다 둘 곳 없이 허탈했고 눈물이 나곤 했다.

버림받은 사람의 마음은 경험한 사람만 안다. 배신당한 상처라고 해야 할까? 목회하는 분들이라면 아마 다 경험한 일일 것이다. 그토록 사정해도 오지 않는 사람이 알아서 자기 발로 찾아가 주는 교회도 있다는 것을……. '하나님이 버림받은 사람의 마음을 주시려고 저분들을 저 교회로 가게 하시는 것이 아닐까?' 하는 비통한 생각이 몰려올 때가 있었다. 가난하고 서글픈 목회자가 되어 '하나님, 어찌하여 나를 버리시나요?'라고 탄식하며 밤을 새운 적이 한두 번이 아니다.

말씀이 내 고백이 되어 일어난 일들

그때 밤을 새우며 기도하다가 쓰러져 있던 나에게 주님은 〈시편〉 37편 말씀을 주셨다.

> 또 여호와를 기뻐하라 그가 네 마음의 소원을 네게 이루어주시리로 다(시 37:4)
>
> 여호와를 바라고 그의 도를 지키라 그리하면 네가 땅을 차지하게 하 실 것이라 악인이 끊어질 때에 네가 똑똑히 보리로다(시 37:34)

어쩐 일인지 이 말씀들이 평소와 다르게 내 심령에 확 꽂혔다. 단순히 읽고 지나가는 말씀이 아니라 가슴이 설레면서 믿어지는 것이었다. '하나님을 기뻐하면 소원을 이루어주신다니, 내 소원은 교회를 세우는 것인데 하나님을 기뻐하면 들어주신다는 말씀 아닌가? 내가 할 수 있는 것이 뭔가? 하나님이 좋아하시는 것을 해드리면 되는 것 아닌가?'

그때 떠오르는 두 장면이 있었다. 베드로와 예수님의 대화였다. 하나는 〈마태복음〉 16장에 나오는 것으로, 예수님께서 빌립보 가이사랴 지방에서 "너희는 나를 누구라 하느냐?" 물으신 질문이다. 이 질문에 베드로가 "주는 그리스도시요 살아 계신 하나님의 아들이시니이다" 하고 대답했다(마 16:15~16).

예수님께서 이날처럼 기뻐하셨던 적이 언제 있었던가? 베드로의 신앙고백에 감탄하시는 예수님의 모습을 상상해보았다. 그 모습을 상상하면서 나도 그리해보자는 생각에 날마다, 시간마다, 기도 때마다 이 고백을 했다. 하루에 아마 100번도 더 외친 말씀이며 지금도 무시로 고백하는 말씀이다. "주는 그리스도시요 살아 계신 하나님의 아들이시니이다." 분명 주님이 기뻐하실 것을 믿으며 일생 동안 나의 신앙고백으로 삼을 것이다.

또 하나는 〈요한복음〉 21장에 나오는 것으로, 부활하신 주님이 고기 잡으러 간 베드로를 찾아가셔서 디베랴 바닷가에서 물으신 질문이다.

요한의 아들 시몬아 네가 이 사람들보다 나를 더 사랑하느냐 하시니 이르되 주님 그러하나이다 내가 주님을 사랑하는 줄 주님께서 아시나이다(요 21:15)

이 고백이 나의 고백이다. "주님을 사랑합니다. 정말 누구보다 더 많이 주님을 사랑합니다. 주님만을 사랑합니다." 방언으로 드리는 기도 중에도, 그 밖에 어떤 경우에도 나는 이 신앙고백을 수천, 아니 수만 번을 하며 지내왔다. 지금도 날마다 고백하지만 어려울 때일수록 더욱 간절한 마음으로 부르짖는 고백이다.

놀라운 하나님의 은혜

 그 후 말씀을 의지하여 땅을 보러 다녔다. 웃기는 일이다. 돈 한 푼도 없는 사람이 땅을 보러 다닌 것이다. 지금 생각해보면 말도 안 되는 일인데 그때는 반드시 될 것이라고 생각하며 조금도 의심하지 않고 확신에 차 있었다. 당시 당진에는 개발 붐이 불고 지나간 뒤였다. 땅값이 정말 비싸게 올라 있었다.

정말 땅을 차지하게 하실까?

목회자의 마음에 품은 생각들이 설교를 통해 툭 나와버리는 것이 문제였다. 본문은 그게 아니었는데 "여호와를 바라고 그의 도를 지키라. 그리하면 네가 땅을 차지하게 하실 것이라. 악인이 끊어질 때에 네가 똑똑히 보리로다"(시 37:34)라는 말씀이 설교 중에 튀어 나오면서 호언했다. 하나님께서 우리에게 교회 세울 땅을 반드시 주실 것이라고 선포한 것이다. 그런데 문제는 듣는 성도들이 "아멘"으로 화답하는 것이었다.

설교를 하면서 한편으론 걱정이 될 때가 있다. 나는 실감이 나지 않은 상태에서 설교를 하나 듣는 이들이 믿어버릴 때다. 우리 성도들은 내가 하는 설교가 그대로 되리라 믿어 의심치 않는 분위기였다. 자신들이 부담을 가질 필요는 없었다. 우리 모두에게는 가진 것이 없었기에 어차피 그런 일들은 하나님의 역사하심 외에는 일어날 길이 없었다. 설교를 하면서도 속으로는 '괜찮을까, 정말 땅을 차지하게 하실까?' 하는 생각도 있었지만 나 역시도 믿어지는 것을 어찌하겠는가?

틈만 나면 이리저리 땅을 보러 다니자 아무리 믿음으로 산다고 할지라도 뭔가 언덕이 있어야 비비는 거 아니냐며 주변에 정신 차리라는 분들도 있었다. 그러나 누가 뭐라고 하든 이미 굳은 마음이 있었다. 자꾸만 교회를 건축할 땅을 사고 싶었다.

그러면서 나도 모르게 땅값 5,000만 원에 건물은 3,500만 원 정도로 교회를 세워야겠다는 생각이 들었다. A4 용지에 교회 건물 모습을 수십 번은 그렸던 것 같다. 원당리의 이장님을 찾아가 부탁했다. "이장님, 사실 아무리 찾아봐도 제 맘에 드는 땅이 보이지 않네요. 혹시 5,000만 원짜리 땅이 나오면 소개 좀 해주세요."

이때는 신학대학원에 다닐 때였다. 이장님께 부탁한 뒤 학교에 가 있는데 학교 행정실에서 전화를 받으라고 했다. 달려가보니 이장님이셨다.

"여보슈?"

"예, 이장님. 반갑습니다."

"그류, 근디 거 땅이 났슈. 5,000만 원 달라는디 살 꺼유?"

"그러지요, 뭐."

"알겠슈!"

뚝! 이게 뭔가? 어떻게 하시겠다는 건가? 사시겠다는 것인가 아니면 내가 가면 보여주시겠다는 것인가? 그렇게 끝마무리가 없이 통화를 마쳤다.

그리고 금요일 당진에 가서 이장님을 만났다. 그런데 이게 웬일인가? 당신이 500만 원을 주고 계약했다는 것이다. 아니 어떻게 그렇게 하셨을까 싶었다.

"정말 계약하셨어요?"

"그럼유. 산다고 허셨잖유."

"아이고, 머리야……, 돈이 없는데요."

"그럼 얼릉 가서 맹글어 와유."

나 참, 이것이 충청도 당진 사람의 모습이었다. 당진에 와서 신기한 일들을 경험하게 되었다. 대답에 긍정도 부정도 없다. "그류, 맞유, 그렇구먼유, 알겠슈, 됐슈." 부정도 긍정도 분위기에 따라 해석

자의 몫이라는 것을 알았다.

그나저나 계약보다 더 큰 문제는 그 땅의 위치였다. 이장님이 땅에 가보자고 하시면서 앞서 가시는데 차가 들어갈 수 없는 논길, 산길을 휘감아 한참을 들어가시는 것이었다. 정말 아무도 살지 않는 산골짜기 고추밭이었다. 분별없는 시절이라 그랬는지 그것이 얼마나 심각한 문제인지 알지 못했고 우선은 땅을 산다는 것과 돈 걱정에 위치와 상황을 짚어볼 겨를도 없이 일은 진행되고 있었다.

그렇게 싱겁게 땅을 계약한 날이 1996년 6월 8일이다. 집에 와서 아내에게 이야기를 했더니 말이 없다. 언제나 내가 상의도 없이 일방적으로 사고를 쳤다. 개척 때부터 지금까지 하나님께 명령받은 것처럼 밀고 가는 것인데 아마 아내의 속이 말이 아니었을 것이다. 그런데 아내는 말없이 100만 원을 내주었다. 이게 전부니 알아서 하라는 것이었다. 터무니없이 부족한 돈이지만 우리 형편에는 꿈같은 돈이었기에 아내가 신비해 보이기까지 했다. 다음 날엔 장정규 형제가 사당동에서 내려왔다. 갑자기 이사를 하라며 방세를 빼주었다고 한다. 결국 그에게 400만 원을 빌려 일단 계약금을 치렀다. 왜 이 시점에 이런 일들이 일어나는 것일까? 하나님이 하시는가 보다 하는 생각이 들었다.

잔금이 걱정이 되었다. 그래서 통상 한 달 만에 치른다는 잔금을 15일을 더해 7월 15일에 치르는 것으로 날짜를 정했다. 기쁜 마음도 잠시 잔금이 걱정되었다. 길은 오직 기도밖에 없었다. 구입한 밭

입구 밤나무 밑에 텐트를 치고 기도에 들어갔다. 학기 말이라 학교에서는 예배실 구석에서 밤을 새워 기도하거나 뒷동산에 올라가 날을 새우기도 했다.

한번은 주말이라 텐트 안에 들어가 날을 새우며 기도하는데 뭐가 쓱 지나갔다. 느낌이 이상해 눈을 떠보니 뱀이 텐트 안에서 나와 함께 있다가 나가는 것이었다. 그런 시간이 지금은 추억이 되었지만 그때는 정해진 시간이 하루하루 총알같이 빠르게 다가오고 있었다.

7월이 되면서 조금씩 초조해졌다. 500만 원의 계약금을 떼이는 것이 문제가 아니었다. 몇 분 안 되는 성도들에게 믿음으로 구한 것은 받은 줄로 알라고 설교했는데 이번 일이 틀어지면 믿음의 기도를 가르칠 수 없을 것이고, 나의 체면이나 신앙도 말이 아니겠다는 생각이 나를 더욱 힘들게 했다. 그러면서 점차 돈이 아니라 내 믿음이 문제로 다가오는 것 같았다.

7월 5일, 방학 날이었다. 집에 가려고 짐을 꾸리고 있는데 기숙사 옆방에 있던 이상뭉 전도사가 찾아왔다. "이 전도사님, 우리 목사님이 인사도 없이 개척했다고 언짢아하시던데 오늘 가는 길에 같이 가서 인사 좀 하실래요?" 한다. 바로 천안에 갔다. 둘이서 우선 비빔밥을 먹고 목사님을 뵙게 되었다. 이창우 목사님은 충청도에서 고신 교단 교회를 개척하신 분이시다. 인사를 드렸더니 어떻게 개척을 진행하고 있느냐고 물으셨다. 그래서 자초지종을 말씀드렸더니 어이없어 하시면서 무모하다고 걱정하셨다. 큰일이라고 한참 고민을 하시더니 "자네 혹시 부산에 내려가보겠나?"라고 뜻밖의 말씀을 하셨다. 부산동일교회가 2년 전에 개척을 하려다가 땅을 잘못 구입해 철수했는데, 혹시 모르니까 가보라고 귀뜸해주신 것이다.

부산동일교회로 내려가다

어쨌든 길이 없었으니 그 말씀대로 부산동일교회에 가보기로 했다. 그날이 내 기억으로 아마 7월 6일 토요일이다. 아침 일찍 출발했는데 오후 2시경이 되어 부산동일교회에 도착했다. 마침 당회장실에 들어가니 목사님이 계셨다. 처음 보는 나를 보고서 누구냐고 하시는데 이름을 얼른 대고서는 바로 설명을 드렸다. 아쉬운 말을 잘하지 못하는 터라 등줄기에 땀이 나고 있었다. 미안하기도 하고 뭐 복잡한 생각들이 마음을 흔들어놓고 있었다. 처음 보는 사람이 갑자기 찾아와서 도와달라고 하니 누가 도와주겠는가? 누가 소개한 것도 아니고 아는 사람도 아닌데 말이 안 되는 일이지 않은가? 거절하면 그만인 일이지 않은가?

　그런데 한참을 듣고 계시던 담임목사님께서 이런저런 걱정을 하시다가 "그래, 2,000만 원을 지원해줄 테니 나머지는 알아서 해보세요" 하시는 것이었다. 처음 보는 사람의 이야기를 듣고 큰돈을 지원해주겠다는 목사님께 참으로 감사했다. 그러나 순간 '4,500만 원이 필요한데 2,000만 원이 있은들 무슨 소용일까' 하는 생각과 함께 '응답이 어찌 반 토막이냐' 하는 의문이 생겼다. 그래서 이렇게 말씀드렸다.

"네, 목사님. 감사합니다. 그러나 2,000만 원은 의미가 없습니다. 다 주시면 몰라도 그 돈으로는 땅을 구입할 수 없습니다."

"아니, 이보시게. 자네가 다 해야 할 일인데 도와준다면 그걸 감사히 받을 일이지 뭐라 하는가, 지금?"

죄송했다. 그러나 마음은 그게 아니었다. 물론 2,000만 원도 당시의 화폐가치로는 큰돈이었지만 내 마음에 하나님은 100퍼센트를 응답하시지 반쪽만 응답하시진 않을 것 같았다. 그러나 인사를 드리고 나오면서 망설여지기도 했다. '이거라도 받아 가는 게 맞지 않을가?' 하는 생각이 밀려왔기 때문이다. 그러나 이미 어쩔 수 없는 일이었다.

허탈한 심정으로 골목을 걸어 나오는데 누군가 뒤에서 불렀다. 돌아보니 저만치 교회 앞에 신사 한 분이 오라고 손을 흔들며 서 계셨다. "저 말입니까?" 하고 물으니 그렇다고 가까이 오라고 하셨다. 다가가자 "잠시 좀 봅시다" 하면서 나를 당회실로 이끌고 들어가시더니 이내 예수를 믿어야 한다며 복음을 전하시는 것이었다. 알고 보니 그분은 선교 국장을 맡은 수석 장로님이셨다. 마침 그다음 날이 교회 전도 행사 주일이었는데 직장이 서울인 장로님께서 토요일 날 부산에 내려와 교회에 오셨다가 행색이 초라한 사람이 교회에서 나가는 것을 보시고 전도할 생각으로 나를 부르신 것이다.

영문도 모른 채 장로님이 말씀하시는 대로 듣고 있다보니 30분

정도 지난 것 같았다. 당진까지 6시간 걸리던 시절이라 돌아갈 시간이 급하다 싶어 "제가 당진에서 온 전도사입니다" 하고 말씀을 드리니 진작 얘기하지 그랬느냐며 미안해하셨다. 그러시면서 당진에서 왜 이곳까지 왔느냐고 물으셨다. 사연을 말씀드린 뒤 안주머니에 가지고 다니던 교회 그림과 개척 계획서를 드렸다. 거기에는 5,000만 원 토지 구입비에 3,500만 원 건축물이 그려져 있었다. 그 문서를 펼쳐 보시던 장로님의 얼굴이 갑자기 긴장되심을 느낄 수 있었다.

"허, 이거 참. 누가 이리 가라 합디까?"

"네, 천안에서 말씀 듣고 혹시나 해서 들렀습니다. 죄송합니다."

"그래요. 알겠어요. 올라가세요."

그러시고는 10만 원을 손에 들려주시면서 잘 가라고 하셨다.

주일 아침 10만 원을 감사 헌금으로 드리고 기도했다. "천지를 지으신 하나님, 예수님께서 건너 마을에 가서 내가 쓸 거라면서 나귀를 끌어오라 하셨던 일을 기억합니다. '만일 누가 무슨 말을 하거든 주가 쓰시겠다 하라. 그리하면 즉시 보내리라 하시니.'(마 21:3) 이 말씀과 같이 허락해주시옵소서." 말씀으로 고백하며 기도했다.

월요일 아침부터 세찬 비바람이 몰아치고 있었다. 답답한 마음으로 집에 앉아 기도하고 있었다. 오후 2시가 다 되어 전화벨이 울렸다. 받아보니 부산 장로님이셨다. 당진에 왔는데 땅을 좀 보여달라는 것이다. 반갑기도 하지만 한편 걱정이 되었다. '길도 없는 산속의 밭인데 보시고 아니라고 하시면 어쩌지' 하는 생각 때문이었다.

눈을 뜰 수 없을 정도로 내리는 여름비는 가혹했다. 논둑을 걸어 산 골목으로 돌아가는 길에 우산은 모두 망가져버렸다. 있는 그대로 비를 맞고 걸어가시면서 어디쯤이냐는 말씀만 계속하셨다. 참으로 난감했다. "조금만 더 가시면 나옵니다. 조금만 더……." 죄송하고 민망한 시간이었다.

결국 길고 좁은 논둑길을 돌아 산골 밭에 들어섰다. 그런데 비가 내리는 밭에서 발이 푹푹 빠지는 것이 아닌가? 구두고 뭐고 다 결딴이 났다. 고추밭에서 빗소리만 우우 소리를 지르며 요란했다.

"여긴가?"

"네……."

동행하신 목사님이 언뜻 뒤를 돌아보신다.

"여기가 정말 맞아?"

"네……."

대답을 하고 나도 모르게 죄진 사람처럼 목사님 눈치를 살펴보았다. 빗속에 보이는 목사님의 얼굴에는 어이없음과 함께 실망스러운 표정이 역력했다. 장로님도 말이 없으셨다. 우리는 아무 말 없이 어느새 밭 자락을 따라 위쪽으로 올라가고 있었다. 뒤를 따라가면서 나도 모르게 이런 기도가 나왔다. "〈열왕기하〉 6장에서 아람 군대의 눈을 가리어주신 하나님께서 두 분의 눈을 가리어주소서. 이곳이 아름다운 동산으로 보이게 해주옵소서." 웃지 못할 기도를 하고 있었다.

잠시 후 골짝 깊은 곳에 도착했다. 골짜기를 건너 멀리 앞산이 바라다 보였다. 한바탕 정신없이 쏟아진 비는 주춤해졌다. 비 맞은 고추밭의 향기와 골짜기 숲 내음이 태곳적 같은 신비한 기운을 풍기고 있었다. 나는 뒤에서 긴장한 채 숨을 몰아쉬며 맘속으로 기도를 계속하고 있었다. 두 분이 산 저편을 멀리 바라보시며 잠시 서 계셨다. 고민하는 마음이 눈에 보이는 듯했다. 걱정이 가득한 얼굴이셨다. 한참 동안 무거운 시간이 흘렀다. 한순간 갑자기 누가 먼저랄 것도 없이 두 손을 들고 "할렐루야! 할렐루야!"를 외치기 시작하셨다. 웬일인가 하여 눈을 들어보니 건너편 산자락을 넘어오는 흰 구름이 소나무 숲을 덮으며 내려오면서 환상적인 모습을 연출하고 있는 것이 아닌가?

한참을 그렇게 소리를 높이던 두 분은 아침부터 지금까지 식사도 못하셨다면서 부지런히 가도 밤이 늦겠다고 서두르셨다. 죄송한 마음이 들어 점심을 대접하겠노라고 하니 극구 손사래를 치시며 젖은 몸으로 훌쩍 떠나셨다.

하나님 앞에서 흘리는 눈물에는 이상한 힘이 있다

목사님과 장로님은 긍정도 부정도 없고 어떤 결정된 바도 없이 돌아가셨다. 그 뒤 두 분께 연락을 드리지 못했다. '사람이 전화해서 매달릴 일이 아니라 하나님께서 하시는 일이라면 하나님께서 되게 하실 일이요, 사람이 하는 일이라면 안 되는 것이 당연한 일이지 않은가?' 하는 생각으로 한 주 동안 오직 기도 속에서 지냈다. 같은 목적을 두고 한 주 내내 기도한다는 것은 쉽지 않은 일이지만 매일 〈사도행전〉을 읽으면서 틈틈이 하나님의 도우심을 간절히 기대했다. 한 주간의 시간을 앞에 놓고 머릿속에는 불안감과 걱정이 밀려오곤 했다. 기다려보자는 생각보다는 '아무 말씀도 없이 가셨으니 아마 현장이 맘에 들지 않으셨는가보다' 하며 포기하는 마음이 앞섰다. 언제 부산동일교회를 바라보고 저질렀던 일인가? 오직 하나님을 기대하며 시작된 일이 아닌가?

> 내가 여호와께 간구하매 내게 응답하시고 내 모든 두려움에서 나를 건지셨도다(시 34:4)

성경 말씀은 언제나 내 상황에 맞았고, 내 간절함과 하나가 될 때 은혜가 되고 힘이 되었다. 한 주간의 긴 시간 동안 〈시편〉 말씀이 어찌 그리 위로가 되었는지 모른다.

아무런 변화 없이 7월 15일은 다가오고 있었다. '성도들의 실망감을 어떻게 달래야 하는가?' 하는 생각이 머릿속에 가득했다. 자연스럽게 하나님을 찾았고 찬송가 85장 〈구주를 생각만 해도〉를 부르면서 많이 울었다. 하나님 앞에서 흘리는 눈물에는 참으로 이상한 힘이 있다. 울고 나면 시원하고 감사하고 기대감이 차오르는 것이다.

구주를 생각만 해도 이렇게 좋거든
주 얼굴 뵈올 때에야 얼마나 좋으랴.
만민의 구주 예수의 귀하신 이름은
천지에 있는 이름 중 비할 데 없도다.
참 회개하는 자에게 소망이 되시고
구하고 찾는 자에게 기쁨이 되신다.
예수의 넓은 사랑을 어찌 다 말하랴.
주 사랑 받은 사람만 그 사랑 알도다.
사랑의 구주 예수여 내 기쁨 되시고
이제로부터 영원히 영광이 되소서.

드디어 7월 15일이 되었다. 아침부터 비가 내렸다. 빗소리가 언젠가부터 무심한 또 다른 이방 세계, 나와 상관없는 복 받은 이들의 것처럼 낯설게 느껴지곤 했다. 한 주 동안 그냥 금식했다. 금식하는 것은 너무나 자연스러운 삶이 되어버렸다. 매달 초 1~3일은 금식을 하고 있었다. 새 달을 맞으면서 하나님의 은혜를 기대하는 마음으로 드리는 시간이었다. 명절에는 기도원에 올라가 무조건 금식하면서 하나님을 찾았다. 처음엔 힘들기만 했던 금식 기도가 점점 기대되곤 했다. 휴가철이나 명절이 기다려지는 것은 이번 명절을 통해 또 한번 하나님의 은혜를 경험할 수 있겠다는 기대감이 늘 있었기 때문이었다.

방에 드러누워 천장만 멍하니 쳐다보면서 복잡한 생각들에 휘말리고 있었다. 오전 9시가 조금 지나자 거실에서 전화가 울렸다. 필경 땅 주인일 거란 생각을 하면서도 아무 대책이 없는 상황이라 그냥 누워 있는데 아내가 전화를 받아 건네주었다. 정황을 아는 아내도 근심스러운 얼굴이다.

"여보슈?"

"네."

"거, 오늘이 땅값 치르는 날인디 어디서 만날 거유?"

"……."

"안 들려유? 어디서 몇 시에 만날 거유, 글쎄?"

"네, 어르신 12시에 만납시다."

"어디서유? 그럼 시내 유림회관 옆에 있는 OO다방으로 나와유."

"네, 알았습니다. 거기서 뵙겠습니다."

일단 나가서 만나 뵈어야겠다는 생각이었다. 돈이 되고 말고를 떠나 상황을 사실대로 말씀드리고 인사를 드려야 할 일이란 생각이 들었기 때문이다.

전화를 끊고 지난 일들을 곰곰이 생각하며 고민에 빠졌다. '어떤 말을 할까? 어떻게 해달라고 할까? 시간을 더 달라고 부탁할까? 의미 없는 일이다. 어차피 계약은 계약이고 별수 없는 일이지 뭐.' 복잡한 일을 이제 그만 털어버리고 싶었다. 이런저런 복잡한 생각에 매여 쏟아지는 빗줄기를 바라보며 상념에 젖는데 전화벨이 다시 울린다.

아내가 받았다. '누굴까? 우리 집에 전화를 걸어올 사람이 별로 없는데…….' "여보세요?" 하더니 아내는 아무 말 없이 수화기를 디밀었다. 어려운 일이 있을 때마다 나보다 더 고통을 안고 힘들어하는 아내는 참 불쌍한 사람이다. 무슨 죄가 많아 나를 만나 하루도 맘 놓고 살지 못할까. 평생을 미안하기만 한 사람이다. 전화기 속에서 낯선 음성이 들려왔다.

"저~ 이수훈 전도사님이신가요?"

"예, 그런데 누구신지요?"

"아, 예. 저는 부산 상업은행 강OO 차장입니다."

"그러세요. 그런데 웬일이신지요?"

"사용하시는 통장 있으시죠?"

"네."

"계좌번호 좀 불러주실래요? 아, 예. 저는 부산동일교회 집사인데요. 재정을 맡고 있는 사람입니다. 어제 저희 교회에서 전도사님 개척하시는 데 땅값을 지원하기로 결의했습니다. 그래서 송금을 해 드리려고 하는 겁니다. 계좌번호와 거래 은행을 일러주시고 지금 바로 은행으로 가 기다려주세요."

갑자기 멍해졌다. 어느 누구도 연락 한번 주지 않았는데 어떻게 일이 이렇게 진행되었단 말인가? 정말 사실인가? 이게 현실인가 아닌가?

"예, 알았습니다."

통장을 들고 농협으로 갔다. 10시 50분을 지나고 있었다. 창구 앞에서 서성이고 있는데 안에서 내 이름을 부르며 잠시 안으로 들어오라고 한다. 들어가 앉아 있는데 차장 자리에 있는 분이 한참 뭐라고 전화를 받고 있다. 그러더니 내게 몇 가지를 묻고는 통장을 달라고 했다. 건네주자 바로 입금 처리된 통장을 주는 것이 아닌가? 4,500만 원이었다. 정확히 땅값이다. 바로 돈을 찾아 다방으로 달려갔다. 순식간에 대금을 치르고 집으로 돌아오는데 가슴이 뛰기 시작했다. 아내에게 부산에서 도와줘서 땅값을 치렀다고 말하며 방에 들어가는데 심장이 벌러덩거렸다. 숨을 쉴 수 없을 정도였다.

하루, 이틀, 사흘……. 그렇게 감격 속에 눈물밖에 나지 않는 흥분된 날들이 15일 동안 계속되면서 잠을 자지 못했다. 눈이 빠질 것 같은 통증과 심장이 멈출 것 같은 고통이 온몸으로 느껴지는데도 잠을 잘 수가 없었다. '어떻게 이렇게 놀라운 일을 하나님께서 해주셨단 말인가? 하나님이 살아 계신다고 확신하고 지내왔지만 실제로 이런 일이 어떻게 가능한가?' 놀랍고 감사하며 한편으론 더 민망하고 부담이 되었다. 보름이 넘도록 잠을 잘 수 없는 상황이 되니 몸은 죽음 직전의 상태가 되고 말았다. 심장마비가 왜 오는지 짐작할 수 있는 상황이 되었는데 그래도 눈을 붙일 수가 없었다.

놀라운 하나님의 계획하심

부산동일교회 권사님들은 교회 설립 50주년을 바라보면서 뭔가 뜻있는 일을 해야겠다고 계획하셨다. 그래서 1,000원, 2,000원씩 드린 구역 헌금을 개척 기금으로 삼아, 7년 동안 8,500만 원을 모았다. 어디다가 교회를 개척할까 기도하고 있었는데 마침 부산에 있는 한보철강이 당진으로 이전하게 되었다. 부산동일교회를 섬기던 이병구 집사 가정이 회사를 따라 올라왔는데 당진에 와보니 장로교회가 별로 보이지 않더라는 것이다. 그래서 장로교회를 개척하면 좋겠다는 생각에 부산동일교회에 연락했고 당진시 송악읍 중흥리에 개척을 결정하게 되었다고 한다.

그러나 길이 없는 맹지였고 교회를 건축할 수 있는 조건이 맞지 않아 1994년도에 결국 포기하게 되었다. 그때 부산동일교회가 세운 개척 계획은 5,000만 원 토지 구입비에 3,500만 원 교회 건축비였던 것이다. 결국 땅 문제로 무산되면서 자연스럽게 개척 교회 건은 유보된 채 2년 남짓 시간이 흘러가게 되었다고 한다. 개척 계획은 진척 없이 답보 상태에 있었고 시간이 흘러 담임목사님이 은퇴하실 때가 다가와 당회는 1996년 6월에 이 기금을 은퇴 시 목사님의 사택 구입 자금으로 사용하도록 결의하고, 7월 7일에 안건으로 제직회를 준비하고 있었던 것이다.

그런데 그 사실을 몰랐던 내가 7월 6일 토요일에 난데없이 찾아간 것이다. 담임목사님께서 고민 중에 2,000만 원을 지원하면 어떻겠느냐고 하셨고 나는 그 제안을 거절하고 돌아오려 한 것이며, 그러다가 수석 장로님이 돌아가는 나를 발견하고 부르신 것이다. 그때 내가 기도하며 품고 다니던 그림과 계획서를 장로님께 보여드렸다. 그 안에는 5,000만 원 땅 구입에 3,500만 원 건축비의 내용이 들어 있었다. 그러니 5,000만 원짜리 땅에 3,500만 원짜리 교회를 짓겠다는 그림을 받아 보신 장로님은 얼마나 놀라셨겠는가!

충격을 받은 장로님은 7월 7일 제직회 날, 내가 드린 종이를 펼쳐 들고 설명을 하셨단다. 그랬더니 제직들이 모두 놀라 하나님께서 하신 일이라며 만장일치로 통과가 된 것이다. 그래서 담임목사님은 은퇴 준비가 안 되신 상태로 은퇴하시고, 우리는 그 자금으로 교회를 세우게 된 것이다.

보름 동안 잠을 자지 못할 정도로 안정을 찾지 못했던 것은 이런 사연들을 알아가면서였다. 놀란 가슴을 더욱 진정시킬 수가 없었던 것은, 부산동일교회 권사님들이 1,000원씩 모으기 시작한 때가 내가 철없이 방황하며 신학 공부를 시작하던 해 3월이라는 점이다. 나는 모자란 인생이라 신학 공부를 포기하려고 도피할 길을 찾아 여러 번 달아나고 넘어지면서 7년 세월을 허비하고 살아왔는데, 하나님은 교회를 세우기 위하여 기금을 꾸준히 준비하고 계셨던 것이다. 그 수많은 시간 동안 그분들의 기도와 정성이 쌓여간 것을 알게 되니 가슴이 떨렸다. 죄송하고 민망하며 송구스러웠다. 오, 하나님!

어떻게 그런 계획을 이루게 하셨는가? 부산과 이곳에서 교회 개척 그림이 그리도 맞아떨어질 수 있단 말인가? 또 어떻게 제직회 하루 전날인 7월 6일 오후에 그 교회를 찾아가게 하셨는가? 그리고 담당자인 정금출 장로님으로 하여금 돌아오는 나를 보게 하셔서 말씀을 듣게 하시고 서류를 전달하게 하신 것인가? 어느 것 하나 사람의 뜻으로 처리한 일이 없지 않은가? 당진에 내려간 것도, 이곳 시곡리 산속에 이장님을 통해 무작정 밭을 구입하게 하신 것도 다 하나님께서 연출하신 역사가 아닌가? 일련의 일을 하나님께서 계획하고 조율해오신 것이 아닌가? 권사님들이 1,000원을 한 장 한 장 모아온 시간 동안 나 같은 것이 교회를 세우도록 하나님께서 준비하게 하신 것이 아닌가? 이런 정황들이 퍼즐 맞추듯 맞춰지는데 어떻게 놀라지 않을 수 있으며 어떻게 잠을 잘 수 있단 말인가? 시퍼렇게 내려다보고 계신 하나님 앞에 어떡해야 한단 말인가? 온몸이 오싹했다. 두렵고 놀라우며 부끄럽고 죄송한, 빚진 자가 되었다.

당진에 내려와 초라한 농가에서 비닐하우스를 거쳐 토지 구입에 이르기까지 모든 삶이 다 주님께서 지도하신 일이기에 삶이 "아멘"이 되는 이유를 이제야 알 것 같았다.

어찌해야 한단 말인가요? 오, 하나님! 하나님이 계신 듯 안 계신 듯 희미할 때는 이리저리 육신의 생각대로 적당히 할 수 있었는데, 모든 삶이 하나님의 이름으로 다 구성되어 있음을 알고 나니 겁이 덜커덕 나는 것이었다. 감당할 수 없는 하나님의 정교한 섭리 속에

이 못난 인생이 들어 있다는 것을 생각하니 '충격'이었다. 하나님을 알게 된 후 사도 바울이 자신의 실체를 들켜버린 듯 놀라서 한 고백이라고 여겨지는 〈고린도전서〉의 말씀이 생각났다.

나는 사도 중에 가장 작은 자라 나는 하나님의 교회를 박해하였으므로 사도라 칭함 받기를 감당하지 못할 자니라 그러나 내가 나 된 것은 하나님의 은혜로 된 것이니 내게 주신 그의 은혜가 헛되지 아니하여 내가 모든 사도보다 더 많이 수고하였으나 내가 한 것이 아니요 오직 나와 함께하신 하나님의 은혜로라(고전 15:9~10)

〈시편〉 8편의 말씀도 떠오르지 않을 수 없다.

여호와 우리 주여 주의 이름이 온 땅에 어찌 그리 아름다운지요 주의 영광이 하늘을 덮었나이다 주의 대적으로 말미암아 어린아이들과 젖먹이들의 입으로 권능을 세우심이여 이는 원수들과 보복자들을 잠잠하게 하려 하심이니이다 주의 손가락으로 만드신 주의 하늘과 주께서 베풀어 두신 달과 별들을 내가 보오니 사람이 무엇이기에 주께서 그를 생각하시며 인자가 무엇이기에 주께서 그를 돌보시나이까 그를 하나님보다 조금 못하게 하시고 영화와 존귀로 관을 씌우셨나이다 주의 손으로 만드신 것을 다스리게 하시고 만물을 그의 발아래 두셨으니 곧 모든 소와 양과 들짐승이며 공중의 새와 바다의 물고기와 바닷길에 다니는 것이니이다 여호와 우리 주여 주의 이름이 온 땅에 어찌 그리 아름다운지요(시 8:1~9)

고난 가운데 되뇌는 감사

우리는 산속 고추밭에서 1996년 11월 4일에 설립 예배를 드리게 되었다. 그때 성도가 20여 명이었고, 축하해주러 오신 목사님들이 30여 분이었다. 예배 순서에 광고할 시간이 주어졌다. "불쌍한 사람의 목회를 위하여 찾아오신 목사님들과 부산동일교회 가족 여러분, 감사합니다." 그러고는 바로 〈로마서〉 14장 7~8절을 고백했다.

"저는 〈로마서〉 말씀을 가슴에 품고 말씀대로 교회와 하나님을 섬길 것을 결단했습니다. '우리 중에 누구든지 자기를 위하여 사는 자가 없고 자기를 위하여 죽는 자도 없도다. 우리가 살아도 주를 위하여 살고 죽어도 주를 위하여 죽나니 그러므로 사나 죽으나 우리가 주의 것이로다'라는 결단과 고백으로 목회를 하겠습니다."

어떡하든지 할 수만 있다면 하나님을 위하여 가장 귀한 것을 드리고 싶은 마음뿐이었다. '목숨을 바친들 아까울 것이 있을 것이며 그 무엇을 드린다 한들 온 세계를 창조하신 전능하신 하나님, 만왕의 주 되신 하나님께 가치가 있겠는가?' 하는 생각으로만 가득했다. 그 후로 어영부영 할 수 있는 일이 없었다. 무엇을 하든 최선을 다하고 최상의 것을 드리고 싶은 마음으로 살아왔다.

교회 이름을 지었다. 부산동일교회의 도움을 받은 것이 감사하여 당진동일교회로 교회 이름을 지었다. 많은 이름을 그려보다가 정금출 장로님을 만나 "어떤 이름이 좋을지 모르겠습니다"고 하니 "그냥 당진동일교회라 하시지요"라고 말씀하셨다. 그래서 내가 "좋습니다. 그럽시다"라고 했다.

교회 이름은 그렇게 지어졌다. 하나님과 부산동일교회 교우님들께 감사한 마음을 담아 지어진 이름이다.

부산동일교회는 충현교회를 개척하신 김창인 목사님께서 부산 동대신동에서 개척하시면서 지은 이름이다. 한국전쟁으로 피난을 내려온 가족과 함께 소망은 하나님밖에 없다는 일사각오로 천막을 치고 노숙하며 미군 부대에서 버려지는 목재를 메어다가 세우신 교회였다. 그 후 김창인 목사님은 서울 아현동으로 올라가 교회를 세우셨는데 교회 이름을 서울동일교회로 하셨다고 한다. 그리고 충무로로 이전하신 뒤 교회 이름이 통일교와 비슷해 고민하시다가 충현

1996년 11월 4일 산속 고추밭에서 설립 예배를 드리게 되었다.

교회란 이름으로 개명하셨다는 후문을 들었다. 가난과 절망 가운데 하나님을 향한 믿음과 소망으로 세워진 교회가 아닌가 싶어 감사하고 기뻤다.

아버지 생각

그 당시 내게 평생 잊지 못하는 장면이 하나 있다. 교회 설립 예배 전 부산에 내려가 인사를 드리고 올라오려는데 목사님께서 부산역까지 태워주겠다고 하셨다. 목사님 곁에 앉아 있으니 역전으로 향하는 길이 멀지 않은데도 참 죄송하고 부담스러웠다. 터널을 지나는 어둑한 차 안에서 목사님 옆에 앉아 목사님을 바라보니 내 맘속에 '아버지 같으시구나!' 하는 생각이 밀려왔다. 외로운 길 가운데 감사한 마음에서 나온 생각이었으리라. 그 후로 나는 내 맘대로 목사님을 영적 아버지라고 생각하며 살아왔다. 그때 차 안에서 목사님께 드렸던 말이 지금도 생생하다.

"목사님, 감사합니다. 제가 목회를 열심히 해서 목사님 실망시켜 드리지 않겠습니다"라고 속마음을 털어놨다. 그러자 목사님께서 "그런 소리 말라요. 말로만 하지 말고 실제로 똑바로 하라요"라고 말씀하셨다. 투박하고 냉정한 북한 어투였다. 그 말씀이 내게 꾸짖듯 당부하듯 들려왔다.

목사님의 말씀을 듣고 열차를 타고 오면서 내내 돌아가신 아버지를 생각했다. 차창 밖에 펼쳐지는 파란 가을 하늘이 왜 그리 서러웠는지 모른다. 아버지를 생각하면 슬프다. 9살 때 우등상을 받았다. 100점 수, 수, 수, 수. 뭔지는 모르지만 상을 받고 집으로 한걸음에 달려왔다. 너무 좋아서 숨도 제대로 못 쉬면서 아버지한테 자랑했다. 그리고 종아리를 맞았다. 사내 녀석이 경망스럽다는 꾸짖음이었다. 물론 아버지는 큰 뜻이 있으셨기에 그러셨겠지만 그날의 아픔은 아버지를 생각할 때마다 떠올랐다.

아버지는 19세의 아들과 17세의 딸을 잃고 절망 중에 나를 낳으셨다고 한다. 이미 44세의 할아버지 같은 아버지셨다. 늘 과묵하고 엄한 얼굴이셨다. 장성한 자녀를 잃은 탓이었겠지만 아무것도 모르는 나는 아버지를 무섭고 두려운 분으로 기억한다. 아버지는 엄격

한 유학자셨다. 지금도 우리 집에는 제사 때 사용하던 이상한 의상과 머리에 쓰는 높다란 두건 등 소장하고 있는 유물이 많다. 집 안에 있는 궤 속에는 알 수 없는 제복들이 몇 개나 되는지 모른다. 고서적들, 조선 임금님이 보내신 편지가 집안에 많다. 왕족이라는 자부심과 유교적 철학 속에 집안은 과거에 매여 있었고 나는 엄숙한 분위기에서 살얼음을 걷는 것 같았다.

지금은 변화하는 세상에 적응하지 못하여 홀로 힘겨운 삶을 살다가 가신 분이라고 이해한다. 봉건 사회에서 현대 사회로 넘어가는 세기의 변화에 적응하지 못하고 옛 사상에 붙잡혀 이방인같이 사신 분이라고 생각된다.

정직했고 고지식하며 타협할 줄 모르는 분이셨다. 양반 사회의 전통 사상이 체질이 된 분이셨다. 오래된 기억에 시조를 읊으시고 〈논어〉, 〈맹자〉, 〈순자〉 같은 고서적을 산더미처럼 쌓아놓고 겨우내 연구하시던 모습이 아련히 떠오른다. 아버지 계시는 방 앞을 지나가려면 발을 들고 숨을 멈춘 채 죽은 듯이 지나가곤 했다.

제법 잘 살 만도 한데 아버지는 남의 일을 자신의 일처럼 해결해 주고 다니시면서 정작 가족을 돌보지 않으셨다. 정의감이 많으셨던 것이다. 어릴 때 다리에 쥐가 나도록 꿇어앉아 대장부는 굶어 죽더라도 뇌물을 탐내지 말며 정직하고 성실하며 도의를 지켜야 한다는 훈계를 들었다.

나는 참 효자였다. 아버지의 술심부름을 거의 도맡아 했다. 6월 무더위 속에서도 산딸기를 따다가 드렸고 개울에서 물고기를 종일 잡아다가 드렸다. 여러 번 물에 빠져 죽을 뻔도 했고 산길에서 뱀에 놀라 숨도 못 쉬고 달아난 적도 많았지만, 부모님을 위한 이런 일들은 참 행복하고 마땅한 것이라고 생각했다.

이사를 갔다. 아버지가 맘 아픈 집을 버리고 사람 없는 곳으로 자꾸만 이사를 가신 것이다. 집에서 10여 리 길을 걸어가면 가게가 나왔다. 그 길로 큰 술병을 가슴에 품고 일곱 살 무렵부터 술을 사 날랐던 기억이 생생하다. 부친은 오후 4시경부터 술을 드셨는데 완전히 취할 때까지 마시셨다. 그리고 시조를 읊거나 나를 불러 무릎을 꿇려놓고 몇 시간이고 훈계하셨다.

"애국하라. 정직한 사람이 되어야 한다. 남과 원수가 되지 마라. 악은 악을 낳고 선은 선을 낳는 법이다."

전쟁을 겪으시면서 악과 선의 끝을 경험하신 것 같았다. 전쟁 중에 잃은 것이 참 많다고 하셨다. 그래도 한번은 잡혀가는데 빨치산 가운데 한 사람이 가만히 다가와 "어르신, 어서 저 구덩이로 들어가서 누워 있다가 나중에 달아나세요"라고 말해줘서 기적같이 살아났다고 하셨다. 빨치산 중에서도 자신에게 은혜를 입은 사람이 있었던 것이다. 그러면서 선하게 살아야 한다는 말씀을 수없이 하셨다.

술값 없이 술을 사러 가는 일이 종종 있었다. 물론 부친은 사회적으로 어딜 가든 존경받는 분이었다. 신용이 정확한 분이었다. 그러나 매일 술을 드셔야 했으니 항상 돈이 있을 리 없었고 어린 아들에게 외상 술을 사오도록 하셨다.

"아저씨, 술 좀 주세요. 돈은 아버지가 나중에 드린대요."

가게 주인이 "그래" 하고 바로 술을 주는 때도 있었지만, 어느 때는 추운 겨울날 오래도록 가게 앞에 서 있게 했다. 추위에 덜덜 떨고 있으면 발이 시려 견딜 수가 없었다. 날이 어둑해지면 조바심이 났다. 아버지께 혼날 일이 걱정되기도 했고 집에 가는 길이 무섭기도 했다.

"아저씨, 술 좀 주세요."

"돈은?" 하면서 언제 그랬느냐는 듯이 나를 바라보는 가게 아저씨의 얼굴에 자존심이 확 상했다. 눈앞이 하얗도록 창피함을 느꼈고, 안고 있는 빈 술병을 내던져버리고 싶은 분노가 치밀어 오르기도 했다. 그렇지만 '아버지 심부름인데 그러면 안 되지' 하는 생각에 다시 용기를 냈다.

"아저씨, 술값은 나중에 드린다고 했잖아요. 좀 주세요" 하면서 화끈거리는 얼굴로 사정했다. 그러면 "병 이리 줘" 하면서 사각 나무바가지를 술 항아리에 넣고 휘휘 저어 술을 담아주는 것이었다. 술병은 내게 정말 무거웠다. 유난히 키가 작았던 내가 키만 한 술병을 가슴에 안고 오다보면 팔이 빠지는 것같이 아팠다. 또 술이 출렁거리며 넘치면 옷이 젖어 가슴과 배가 축축했다. 배가 젖으면 그렇게 추울 수가 없는 데다가 온몸에 술 냄새가 가득했다. 손이 시리고 저려오면 이쪽 가슴에서 저쪽 가슴으로 옮기면서 한순간이라도 빨리 아버지께 드리고 싶은 마음에 언 발을 동동거리며 어두워진 길을 달려오곤 했다. "왜 이제 오느냐!"라고 호통 치는 아버지 앞에 잘 못했다고, 다음부터는 빠르게 행동하겠다고 빌며 나오곤 했다.

제때 기성회비를 내본 기억이 별로 없다. 새 학기가 되면 번번이 수업 시간에 학비를 내지 못하여 복도에 무릎 꿇고 손을 들고 서 있곤 했다. 내가 맘속으로 그토록 좋아했던 담임선생님이 출석을 부르신 뒤 몇몇은 복도로 나가라고 하셨다. 그 당시에는 뭔지도 모르고 복도에 나가 손을 들고 서 있었다. 그저 팔이 떨어지도록 아팠다. 이따금 요령을 부리다가 호되게 맞는 일도 있었다. 왜 그래야 하는지 그때는 알지 못했다.

학비를 내지 않았으니 수업을 받을 수 없다는 의미가 아니었을까. 집에서는 아버지의 술 때문에, 학교에 가서는 내가 좋아하던 선생님에게 가난 때문에 거절당한 어린 시절이었다. 내 꿈은 선생님이 되는 것이었는데 내 안에는 분노와 열등감만 채워졌다. 흘겨보며 지나가는 친구들이 죽도록 싫었다.

농번기가 되면 나이 드신 아버지를 생각해서 학교를 가지 않고 논과 밭으로 달려갔다. 그렇게 하는 것이 마음이 편했고 당연한 일이었다. 아홉 살 무렵부터 내 키보다 큰 벼 사이에서 농약 통을 메고 농약을 살포했다. 벼 잎에 손등을 베어 피가 흐르면 말도 못하게 쓰

라렸다. 어느 날 농약에 취해 논둑에 쓰러졌다. 밤이 되어 깨어났는데 비틀거리며 집에 돌아와서도 몇 날 동안 속이 울렁거려 힘들었는지 모른다. 아버지를 도와야 한다는 생각에 그런 일들을 당연시 했던 어린 시절이었다. 아마 하나님께서 은혜를 주시지 않았더라면 온전한 사람으로 살아가지 못했을 것이 자명하다. 아무리 생각해봐도 이미 이 세상 사람이 아니었을 것이다.

하나님의 놀라운 선물

보고 싶은 아버지, 무서웠던 아버지, 안기고 싶던 아버지 그러나 다시는 볼 수 없는 아버지가 달리는 열차 속에서 그렇게 그려졌다. 잘 해보겠다고 말하는 나를 향해 격려하는 것이 아니라 "말로만 하지 말고 실제로 똑바로 하라요" 하는 그 말씀 속에 내 안에 숨어 있던 옛적 일이 살아나면서 아버지 모습을 그려낸 것 같다. 지금까지 아픔으로 기억되던 아버지의 모습이 목사님의 말씀을 들으면서 살아 났나보다.

나를 낳아주신 부모님도 할 수 없었던 놀라운 선물을 하나님께서 내게 내려주신 것이다. 놀라운 은혜를 입고 교회를 시작하게 된 것을 생각하니 그 은혜를 어찌해야 할지 감당할 수가 없었다. 하나님과 부산동일교회 이지영 목사님, 정금출 장로님 그리고 부산동일 교회 성도들에게 감사한 마음은 평생 잊을 수 없을 것이다. 오직 생명 다해 충성되게 살아가는 것밖에 은혜를 값을 길이 없겠구나 생각했다.

신학대학원을 졸업하게 되었다. 어느덧 교인들이 몇 십 명이 되었을 때이다. 졸업식장에 다들 가겠다고 한다. 아내를 비롯해 모든 분을 모아놓고 부탁했다. "마음이야 다 같이 가면 좋겠습니다. 그러나 졸업식에는 저 혼자 다녀오겠습니다. 여러분의 사랑은 마음으로만 받겠습니다" 하고 혼자 졸업식장에 갔다. 모든 졸업생이 가족들과 함께 있었고, 나만 혼자였다.

문득 쓸쓸하다는 생각이 들어 급히 졸업식장을 빠져나오는데 이지영 목사님과 장로님 부부께서 찾아오셨다. 왜 혼자 왔느냐면서 점심을 사주셨다. 그리고 장로님께서 상자 하나를 주시면서 집에

1998년 신학대학원 졸업식에서 부산동일교회 이지영 목사님,
정금출 장로님 부부와 함께 찍은 사진.

가 열어보라고 했다. 집에 와서 열어보니 양복 옷감이 들어 있었다. 그리고 봉투 하나가 들어 있는 것이 아닌가? 5만 원권의 도서상품 권이 열 장 들어 있었다. 봉투 겉면엔 손으로 다음과 같은 말씀을 써 주셨다.

> 주 여호와께서 학자들의 혀를 내게 주사 나로 곤고한 자를 말로 어떻게 도와줄 줄을 알게 하시고 아침마다 깨우치시되 나의 귀를 깨우치사 학자들같이 알아듣게 하시도다(사 50:4)

이 봉투를 지금까지 오래도록 간직하고 있다. 종종 들여다보면 그때 마음이 생각난다. 그래서 나의 졸업식 사진은 목사님, 장로님 부부와 찍은 것뿐이다.

고난 속에서 자라는 교회

교회가 세워지기까지 시련이 많았다. 그중에 가장 어려웠던 일은 마을 주민이 유언비어를 퍼뜨린 것이었다. 몹쓸 기도원이 들어온다는 소문이 온 마을에 퍼져 나갔다. 동네 주민들이 회의를 소집하고 연대 서명을 하여 관공서에 민원을 내고, 주일 아침이 되면 좁은 농로에 경운기로 길을 가로막았다. 또 주일 아침만 되면 마을 회관 스피커에서 온 산이 울리도록 큰 소리로 유행가가 흘러나오게 했다. 의도적으로 마을 회관 위에 붙은 나팔 스피커를 교회 쪽으로 돌려 놓고 예배를 방해했던 것이다.

이런 방법도 시원치 않았던지 시간마다 오전, 오후로 사람들이 찾아와서 시비를 걸었다. 길에서 마주치면 사나운 표정을 지었다. 술만 먹으면 낫으로 비닐하우스를 여기저기 찢어놓고 가는 분도 있었다. 그래서 마을 잔치를 열어 통돼지를 대접하고 마을 운영비도 내놓는 등 할 수 있는 일을 다해봤지만 아무 소용이 없었다. 한번 뒤틀린 마을 주민의 마음을 돌리는 데 정말 힘들었다. 마을에서 결정한 것은 누구라도 개인적으로 처리해서는 안 되는 OO김 씨 집성촌의 특징이 있었다. 가가호호 밤이건 낮이건 방문해 오해를 풀어보려고 힘을 다했지만 그러면 그럴수록 더욱 장벽이 높아만 갔다. 마치 혐오 시설이 들어온 것으로 생각하셨던 것 같다.

우리가 할 수 있는 일은 믿어달라고 계속해서 설득하는 것뿐이었다. 대화를 통해 그분들의 상황을 이해하고, 그분들의 마음이 누그러지기를 기도했다. 동네에 있는 행사에는 우리가 제일 먼저 찾아갔다. 특히 초상이 났을 때는 손을 걷어붙이고 도왔다. 개척하고 일 년 동안 데모와 씨름하면서 많은 기도를 했다. 마을 주민과의 혹독한 씨름은 17년이 흘러서야 마침표를 찍게 되었다. 사람의 마음을 돌이킨다는 것이 얼마나 힘겨운 일인지 깊이 깨닫는 시간이었다.

고통 가운데 위로하시는
하나님

 1997년 봄이 되었다. 부산동일교회의 도움
으로 사놓은 땅에 건축을 하기로 했다. 그런데 마을에서 반대가 심
했다. 좁은 농로를 막고 공사 차량이 들어오지 못하게 했다. 온 동네
주민들이 이단이 들어왔다며 이른바 오대양 사건과 우리 교회를 연
루시켜 교회 반대 운동을 벌였기 때문이다.

첫 예배당을 건축하다

마을 주민들의 반대는 여전했지만 건축을 강행하기로 했다. 하나님
께 간절히 기도를 드린 뒤 철강 회사에 가서 부탁했다.

"빔 제작이 끝난 뒤 새벽에 갖다주실 수 있습니까?"

그랬더니 담당자가 직접 시골에 와서 보고는 어렵지만 한번 해 보자고 했다.

"2.5톤 트럭 두 대에 앞뒤로 세워서 H빔을 실으면 가능하겠습니 다."

드디어 비밀리에 일을 시작했다. 마을 주민 모두가 잠든 새벽, 철 강 회사에서 골조를 운반했다. 동네가 반대할 겨를도 없이 일을 진 행했다. 그다음엔 벽돌 쌓는 사람을 수소문해 찾았다. 그런데 벽돌 은 쌓는 데만도 일주일이 걸린다는 것이었다. 그래서 이틀 만에 쌓 아달라고 부탁했다. 놀랍게도 밤낮을 가리지 않고 이틀 만에 다 쌓 아주었다.

빔을 세운 그날부터 벽돌을 쌓았다. 벽돌 쌓는 분이 자기 처가 친 척까지 총동원하여 벽돌 쌓기를 끝내준 것이다. 그때 쌓은 벽돌이 1만 3,773장이었다. 교회 건물 외관이 4일 만에 뚝딱 지어졌다. 느 헤미야의 기적이 이곳에서 일어난 것이다. 다 쌓고 난 벽돌공이 놀 랐다. 공사를 그렇게 많이 하고 다녔어도 열 장도 남지 않고 이렇게 정확하게 벽돌을 구입해놓은 곳은 처음 보았다는 것이다.

벽돌 한 장 한 장이 성도님의 소중한 헌금이기에 벽돌 장 수를 수 십 번씩 계산하고 헤아렸다. 건축을 해본 경험이 없는 나로서는 그 림을 그리고 또 그리면서, 시멘트 한 포대, 철근 한 토막까지 계산하 고 또 하면서 아끼고 아끼며 쌓아갔다. 그랬더니 정말 열 장도 남지 않고 공사를 마친 것이다. 하나님이 주신 귀한 벽돌 한 장 한 장까지도 가슴에 담았고 부산동일교회 성도들의 기도와 정성을 마음에 품었던 것이다.

6월 22일 터파기를 시작하여 8월 15일 입당했으니 정말 순식간에 건축이 진행되었다. 마을 분들도 건축을 막으러 왔다가 자고 났는데 뚝딱 건물이 올라가니 어이가 없었는지 그냥 돌아가셨다.

1997년 8월 15일, 입당 예배를 드리게 되었다. 손님을 태운 관광버스가 도착했다. 길이 좁은 농로를 들어오지 못해 차를 큰 도로에 주차하고 걸어서 들어오게 되었다. 일대 장관이 펼쳐졌다. 180여 명이 양산을 쓰고 논길을 따라 일렬로 들어올 수밖에 없었다. 이 모습을 멀리서 바라보니 출애굽의 행렬 같았다. 이후로 마을 주민들의 마음이 녹았는지 직접 찾아와 대항하는 분들이 뜸해졌다.

그 후로도 마을 주민들은 얼마나 교회에 대해서 관심이 많았는지 새벽 교회 마당에 몇 대의 차가 왔다 갔는지, 어떤 차가 다녀갔는지 차종까지 기억하고 있었다. 나도 헤아려보지 못했는데, 동네 주민들을 가끔 만나면 지난주에는 몇 대가 왔고, 어제는 몇 대가 다녀가더라며, 새벽 기도회 자동차 대수까지 헤아려주는 것이 아닌가. 참 놀랍고 재미있는 일이었다.

그렇게 반대하던 주민들이 한 분 한 분 교회로 들어와서 가족이 되었고, 극렬했던 몇 분은 이미 이 세상 사람이 아니다. 한 분은 교회 건축을 반대하기 위하여 자전거를 새로 사서 매일 10킬로미터 가까이 떨어진 군청으로 출근하면서 민원을 제기했다. 건축 허가를

입당 예배에 참석하기 위해 논길을 따라 오시는 손님들. | 입당 예배 기념 사진.

내주지 못하도록 말렸던 것이다. 그러니 담당 공무원에게 허가를 재촉하면 몇 달째 민원이 걸려서 처리할 수 없다는 대답만 들었던 것이다. 그런데 뒤에 농가 주택으로 건축하도록 허가가 나왔다. 산속에 건축할 수 있도록 허가가 난 것이 신기하기도 했다.

그러나 밤에 산속에 앉아 가만히 생각해보니 이건 아니었다. 교회는 교회지 어떻게 농가로 건축해서 교회라고 위장한다는 말인가. 하나님 체면이 말이 되겠나. 그래서 다시 관청을 찾아가서 허가를 취소해달라고 했다. 그리고 종교 부지로 정식 허가를 내달라고 요청했다. 나를 바라보던 공무원이 딱하다는 얼굴로 "아니 선생님, 그 동네 주민들이 그렇게 야단을 하는데 어느 천년에 교회를 짓겠다고 그리하십니까? 그냥 농가로 지으세요. 그리고 가서 예배를 드리든지 하세요. 농가 주택 허가도 어렵게 해드리는 겁니다"라고 말하는 것이 아닌가. 그래도 취소해달라고 부탁하고 기다리겠다는 말을 남기며 돌아왔다. 그 후로도 여러 가지 말 못할 사건들이 일어났지만, 우여곡절 끝에 교회를 지을 수 있도록 종교 부지로 정식 허가증을 받았다.

눈으로 보는 하나님의 능력

그토록 반대를 하고 다녔던 김 선생은 몇 년 후 참으로 불행하게 세상을 떠나셨다. 나는 그 부인 이석인 씨를 장례식장에서 전도했다. 부인이 "우리 아들이 8년 전 집을 나간 뒤에 행방불명이 되었는데 지금까지 소식이 없어요. 아들이 집에 돌아오기만 하면 내가 예수를 믿지요"라고 했다. 아주 간단한 일이 아닌가. 그래서 정말 아들이 돌아오면 예수 믿겠느냐고 물으니 그렇게 한다는 것이다. 그래서 20일 동안 새벽 예배를 드리라고 했다.

"나도 아들이 살아 돌아오도록 같이 기도할 테니 그 기간 동안에 돌아오면 하나님이 살아 계신 분인 줄 믿고 교회를 다니시기 바랍니다."

부인에게 약속을 받았다. 새벽마다 집 나간 아들이 돌아올 것을 작정하고 기도하기 시작했다. 그런데 2주도 되지 않아 그 아들이 살아 돌아온 것이다. 마치 꿈을 꾸는 것만 같았다. 하나님이 이렇게 신실하게, 너무도 정확히 응답하실 때 믿음이 희미했던 우리는 충격을 받는다. 그리하여 그 부인은 교회에 나오기 시작했다.

주일 밤 예배였다. 설교를 하는 중에 부인이 갑자기 쓰러졌다. 곁에 있던 성도들이 허둥지둥 부인을 들어다가 유아실에 눕혔다. 예배를 마치고 유아실에 달려가보니 검정색 얼굴빛에 실낱처럼 가느다란 호흡으로 껄떡껄떡하며 누워 있는 것이 아닌가. 눈을 보니 눈동자가 보이지 않았다. 돌아가시기 직전의 상황이 아닌가 싶었다.

곁에 있던 성도들이 웅성거렸다. 큰일 났다는 것이다. 가만히들 있으라고 진정시킨 후 무릎을 꿇고 "하나님, 이 상황이 왜 일어난 것입니까?"라고 통성으로 기도했다. 문득 머릿속에 스쳐가는 것이 있었는데 악한 귀신이 덮치고 있다는 생각이 들었다. 그랬구나 싶어서 "예수 그리스도의 이름으로 명하노니, 이 어둠의 더러운 영아, 떠나갈지어다!"라고 선포했다.

몇 분이 지났을까, 소리를 지르며 기도를 하고 있는데 딱 소리가 나는 것이다. 뭔가 하고 보니 이분이 눈을 뜨고 벌떡 일어나는 것이 아닌가. 모두가 놀랐다. 순간 그를 누르고 있던 악한 귀신이 떠나간 것이다. 정말 놀라웠다. 영의 세계가 이렇게 현실이 되어서 우리 앞에 보이다니 이 얼마나 놀라운 일인가.

이분은 그 후로 산길을 넘어 새벽 기도회를 다녔고 주일마다 빠짐없이 예배를 드렸다. 허리가 굽어 제대로 걸을 수가 없음에도 불구하고 어디서 유모차를 구해 상추 몇 개, 배추 한두 포기를 싣고 굽이굽이 산길을 넘어 목사 사택에 내려놓고, 숨을 몰아쉬며 "목사님, 이것 드세요"라고 했다. 지금도 눈에 선한데 눈물 나도록 마음이 아려오는 분이다. 굽은 허리, 가난, 굽이굽이 넘어오는 산길. 빈손으로 오지 않고 시간만 나면 뜨락에 있는 채소를 거두어서 목사에게 들고 오신 분이다. 지금은 너무 늙어 멀리 인천 아드님 댁으로 올라가셨다. 따님은 신학교를 다닌 후 지금은 전도사로 사역한다는 소식이 들렸다.

산이 무너져 내리다

하늘이 뚫린 것 같았다. 낮부터 내린 비가 밤이 깊어지는데도 더욱더 거세게 내리고 있었다. 토요일 밤 11시경이 되었는데 온 세상이 깜깜했다. 전기가 끊긴 것이다. 천둥 번개가 치기 시작했다. 얼마나 끊임없이 번갯불이 내리치는지 불꽃놀이 하듯이 거센 빗줄기 속에 온 세상이 밝았다 어두워졌다 했다.

잠시 후, 예배당 뒤 산골짝에서 흘러내리는 시냇물이 점점 넘치더니 예배당 쪽으로 달려드는 것이 아닌가. 삽을 들고 뛰어나가 물길을 돌리기 시작했다. 자갈이 쓸려오고, 흙이 쓸려오고, 나무가 쓸려오면서 점점 더 물이 불기 시작했다. 이제는 내 무릎을 넘어 점점 거센 물길이 되어가고 있었다. 창문을 열었다. 방 안에는 아홉 살, 다섯 살 된 두 아들과 경일순 집사 그리고 아내가 있었다. 밖에서 무슨 소리가 나더라도 내다보지 말라고 당부했다. 왠지 불길한 생각이 밀려왔기 때문이었다.

그러자 이내 아내가 불안했는지 그 어둠 속에서 예배당 뒤 내 곁으로 걸어오다가, 내 곁으로 채 오기도 전에 번쩍하고 큰 벼락이 내리침과 동시에 의식을 잃어버렸다. 뭔가 내 등 뒤에서 우지직하고 무너지는 느낌이었다. 그러더니 내 몸이 붕 하고 하늘을 날았다. 정신을 차려보니 산언덕에 올라가 있는 것이 아닌가. 분명 예배당 뒤 꼍에 있었는데 어떻게 산에 올라가 있는 것인지 정신이 몽롱했다.

허겁지겁 예배당으로 가보니 이미 예배당은 흙으로 덮여버렸다. 4미터가 넘는 예배당을 흙더미가 몰려와 덮은 것이다. 아내가 보이지 않았다. 흙더미에 쓸려 어디론가 사라진 것이었다. 깜깜한 밤중에 마당의 물 깊이가 언뜻 10미터는 넘어 보였다. 그 물속으로 아내가 흙더미에 쓸려 내려간 것이었다.

어둠 속에 아내를 불렀다. 한 발도 앞으로 나갈 수가 없었다. 앞에는 내 키를 훌쩍 넘는 흙탕물이 넘실거리고 있었다. 이제 끝이구나 싶었다. 예배당 쪽으로 창을 열고 들여다보니 물속에서 다섯 살, 아홉 살 먹은 아들들이 흠뻑 젖어 있었다. 이미 예배당 안도 흙더미로 가득했던 것이다. 경일순 집사가 아이들을 방구석으로 몰아서 부둥켜안고 울고 있었다.

아내를 찾아 나섰다. 어디로 가야 할지, 어디서 찾아야 할지 방법이 없었다. 그런데 어둠 속에서 아내의 목소리가 들려왔다. 사람이 아니었다. 완전히 흙더미가 되어 살아 나온 것이다. 죽지 않고 살아온 것이 기적만 같았다. 그날 밤 내린 비가 380밀리미터였다. 수백 번의 벼락과 거센 빗줄기에 흙이 나무와 함께 그대로 쓸려 내려왔던 것이다.

나중에 안 일인데, 아내는 흙더미에 쓸려가다가 석유통에 부딪혀서 기적적으로 산모퉁이로 떠밀려 나와 생명을 부지했고, 나는 교회 담벼락에 붙은 채로 흙더미에 밀려 그대로 하늘로 날아 올라간 것이었다.

기억하기로는 삽으로 물고랑을 치우고 있는데 훅 하는 소리가 들려왔다. 갑자기 땅바닥에서 큰 회오리바람이 일어나는 듯한 느낌을 받았고, 내 등 뒤에서 예배당 벽과 피브이시 파이프가 우지직 깨어지는 것을 느꼈다. 그리고 덮쳐오는 흙더미가 그대로 건물 벽을 공중으로 날려버린 것이다. 그리하여 나는 5미터가 넘는 산 위에 떨어지게 되었다. 어떻게 그 상황을 설명할 수 있을까. 분명 하나님께서 죽음의 수렁에서 우리를 들어 올린 것이라고 믿는다. 불쌍해서 살려준 것이라고 생각한다.

날이 밝았다. 상황은 처참했다. 어디서부터 손을 써야 할지 앞이 보이지 않았다. 엊그제 그토록 힘겹게 건축한 예배당이 하나도 남은 것 없이 산산조각으로 부서지고 예배당 안은 온통 흙으로 가득 차 있었다. 예배당 마당은 산에서 내려온 나무들로 가득 채워졌는데 굴삭기로 밤낮 6일을 거둬내야 했다.

다음 날 주일 아침이었다. 교회로 들어오는 모든 길이 다 떠나가고 없어져 그 누구도 들어올 수 없었다. 네 가정이 기적적으로 산길을 돌아 시간에 맞춰 예배당에 도착했다. 시간이 되어 예배를 드렸다. 입을 옷도 없고, 어떤 성구도 없었다. 흙더미 위에서 처참한 가족들을 앞에 앉혀놓고 예배를 드린 것이다.

어저께나 오늘이나 어느 때든지
영원토록 변함없는 거룩한 말씀
믿고 순종하는 이의 생명 되시며
한량없이 아름다운 기쁜 말일세.
어저께나 오늘이나 영원 무궁히
한결같은 주 예수께 찬양합시다.
세상 지나고 변할지라도 영원하신 주 예수 찬양합시다.

풍랑 이는 바다 위로 걸어오시고
갈릴리의 험한 풍파 잔잔케 하고
겟세마네 동산에서 우리 위하여
눈물 짓고 기도하신 고난의 주님
어저께나 오늘이나 영원 무궁히
한결같은 주 예수께 찬양합시다.
세상 지나고 변할지라도 영원하신 주 예수 찬양합시다.

어떻게 이 찬송가를 택했는지 모른다. 경황없는 그 시간에 나도 모르게 펼쳐서 부른 찬송이 바로 135장 〈어저께나 오늘이나〉였다. 내 인생의 고백 같았고, 이 현장의 고백 같았다. 모두가 찬송과 함께 통곡했다.

보름이 넘도록 청소는 계속되었다. 창을 갈아 끼울 수 있는 여유도 없었고, 수리나 보수할 수 있는 상황도 아니었다. 신문사에서, 총회 사회부에서 찾아왔다. 도움을 주겠다는 것이었다. 전주 봉동교회에서는 헌 옷가지와 이부자리들을 보내주셨다. 참 감사한 분들이다. 고통 중에 큰 힘을 얻었다.

문득 아내를 돌아보니 온몸이 성한 곳 없이 다 찢겨지고 파여 있었다. 그런데 아내를 병원까지 데리고 갈 수 있는 마음의 여유가 없었다. 우선 하나님의 전을 정상화한 후에 데리고 가야지 하는 생각에 아내를 돌보지 못했다. 이것이 목회자의 가혹한 현실이다. 우선적인 일이 어디에 있는가. 삶의 제일이 하나님이라면 이런 급박한 시간에도 하나님의 일이 우선이라는 생각에 사로잡혀 40도를 오르락내리락하는 아내를 데리고 걸어서 30분이면 갈 수 있는 병원도 가지 못하고 있었던 것이다.

그렇게 힘든데 아내는 아프다는 말도 없이 같이 물속에 빠진 책과 성구들을 닦고 있었다. 나는 괜찮은 줄로만 알았다. 사흘이 지나 아내는 더 이상 견딜 수 없었는지 죽을 것 같다는 말을 하고 주저앉았다. 아내를 부축하여 읍내 병원으로 가서 의사의 말을 들어보니 파상풍으로 생명이 위험하다고 했다. 상처를 열어보더니 혀를 내두르는 것이다. 이미 살이 썩어 들어가고 있었다. 염증이 없는 데가 없었다. 살이 흙탕물 속에서 오염되어 급속히 상하고 있었던 것이다. 상한 살을 후벼내고 도려냈다. 생살을 당겨서 꿰매어 놓으니 그 통증이 이루 말로 할 수 없었는지 너무도 힘들어했다. 아내를 병원에 눕혀놓고 교회로 달려와서 며칠째 밤낮없이 흙더미를 치웠다.

당시 잊지 못하는 사건이 하나 있다. 개혁 측 교단에서 2,500만 원인가를 보내왔다. 참으로 큰돈이었다. 내가 사용하기에는 하나님께 너무나 죄송하여 군청을 찾아갔다. 나보다 더 힘든 분들이 지역에 많았기 때문이다. 통째로 집이 떠나가거나 삶의 터전이 사라진 분들이 많았던 것이다. 누가 주었다는 말은 할 필요가 없다. 하나님의 이름으로 그분들을 돕기로 했다. 모두 초청하여 식당에서 설렁탕을 대접하고 봉투에 50만 원씩을 담아 나눠 드렸다. 돈 봉투를 손에 들고 나오는 분들이 고마워하는 모습을 보며 오히려 내가 큰 위로를 받았다. 우리는 빚진 자다. 하나님께서는 고통 중에도 위로하셨고, 슬픔 중에도 화관을 주셨다.

35인승 버스가 생겼다. 읍내에서 약 15킬로미터 떨어진 작은 아파트 촌에서 아파트 입주민을 위해 건설 회사가 기부한 버스였다. 그러나 갑자기 법이 바뀌어 주민들이 운행할 수 없게 되었다고 한다. 법인체만이 35인승 버스를 운영할 수 있다며 아파트 입주민 대표가 나를 찾아온 것이다.

"목사님, 교회에서 우리 버스를 가져가세요."

말도 안 되는 일이었다. 어떻게 저렇게 큰 차를 운행할 수 있을까? 교회까지 들어오는 길도 어려운데 버스라니! 의아했다. 그런데 버스는 결국 교회에 들어오게 되었고, 그 버스로 8년 동안 아파트에 있는 초등학교 학생들을 등교시켜주었다. 어찌 보면 교회보다 큰 버스가 생긴 것이다.

홍수의 재해로 죽음의 강을 건너 살려주신 하나님이 상상도 못 한 엉뚱한 선물까지 주신 것이다. 돌아보면 모든 일이 다 하나님의 섭리 안에 있으며 그분의 은혜의 손길임을 깨닫게 되었다.

다음세대 교육의 장, 어린이집을 세우다

교회의 비전대로 어린이들을 가르칠 교육기관을 세워야겠다는 생각이 들었다. 건축을 마치자마자 교육청을 찾아갔다. 어린이들을 데려다가 교육을 시키려면 국가기관의 허가를 받아야 한다고 생각했기 때문이다. 담당 공무원에게 "어린이를 가르치려면 교회에서 어떤 절차를 밟아야 허가를 받을 수 있습니까?"라고 물었다. 담당 공무원이 한참 고민하는 눈치더니 "글쎄요. 아마 그런 일은 군청의 가정복지과에서 담당할 것 같은 생각이 듭니다. 그리로 가보시죠"라고 하는 것이다.

그래서 군청을 찾아갔다. 가정복지과가 뭐하는 곳인지도 모르고 대뜸 들어가서 "저 개척 교회를 하는데요. 어린이들을 가르치려면 어떤 허가를 받아야 합니까?"라고 물었다. 그러자 공무원이 "그런 게 있나요?"라고 의아해하면서 기다려보라는 것이다. 한참을 기다렸더니 "그런 것은 없고, 어린이집이라고 하는 것이 있는데, 그것을 한번 해보시지 그래요" 한다.

당시는 어린이집이 막 생겨날 때라 잘 알려지지 않았다. 아마 군에서 하나 내지는 둘 있을까 말까 하는 시절이었다. 그래서 뭔지도 모른 채 "그런 게 있습니까? 그렇다면 우리가 한번 해봤으면 좋겠는데 허가를 내주시지요" 라고 했다. 그랬더니 담당 공무원이 씩 웃으면서 "그게 그렇게 쉬운 게 아니에요"라면서 심사와 절차를 밟아야 하는 것이라고 말해주었다. 그러면서 "이번 8월 25일이 심사일인데 그날까지 준비해오시죠" 하는 것이다. 영문도 모르고 그렇게 하겠다는 대답만 하고 돌아왔다. 도대체 무엇을 어떻게 해서 어린이집을 시작해야 하는지 전혀 알지 못하던 내가 어린이집을 하겠다고 대답하고 왔으니 얼마나 답답하겠는가. 그래서 다음 날 다시 담당 공무원을 찾아갔다. 무엇을 준비해야 하느냐고 물어보니 그것을 왜 나한테 묻느냐고 반문하는 것 아닌가. 큰일 났구나 싶었다.

나오는 길에 알아보니 당진에 어린이집이 두 군데 있는데 하나는 시골 교회에서 운영하는 어린이집이요, 하나는 민간 어린이집이었다. 먼저 교회를 찾아갔다. 가서 보니 정말 장난이 아니었다. 어린이방과 시설까지 다양한 것들이 세워져 있는 게 아닌가. '저런 시설들은 허가를 받은 후에 갖추면 되는 것이겠지'라고 생각했다.

담당자에게 전화하니 아이들이 들어가 공부할 수 있는 공간과 책을 일단 준비하라고 내게 일러주었다. 간단하게 생각하고 합판 몇 개를 가져다가 예배당 한편에 칸을 막고 여기저기 다니면서 전집류의 어린이책을 모아다가 쌓아놓았다. 그러자 다시 교회가 종교법인으로 등록되어 있어야 한다는 것이 아닌가. 이건 또 뭔가? 법인이 무엇일까?

그래서 총회 본부에 전화를 했다. 그랬더니 교회 건물과 땅을 총회 유지 재단에 등록해서 등기를 받아야 법인으로서 재산 인정을 받는다는 것이다. 점점 어마어마한 일이 벌어지는구나 싶었다. 총회 담당 장로님께 어떻게 해야 우리가 8월 25일까지 법인으로 서류를 만들 수 있느냐고 여쭈었더니 껄껄 웃으면서 말도 안 되는 일이라고 단칼에 말을 잘랐다. 그래도 "장로님, 일이 되도록 해야 하기 때문에 반드시 8월 25일까지 등록해야 합니다. 법인 등기를 만들어주십시오" 하고 떼를 썼다. 장로님 말씀하시기를 "이렇게 말도 안되는 일을 밀어붙이면 어떻게 합니까?" 하는 것이다. 그래도 "해주세요" 하고 떼를 쓰고 전화를 끊었다.

잠시 후 전화가 왔다. 그러면 지금 교회 건물의 등기는 났으며 완공은 된 것이냐고 물어보는 것이다. 이건 또 뭔가? 무슨 등기냐고 물었다. 그랬더니 건축하면 등기부 등본을 만들어 건축 사용 허가증과 함께 총회에 제출해야 등록할 수 있다고 말씀하는 것이었다. 그러면서 이런 일련의 과정은 적어도 3개월이 걸린다는 것이다. 아예 안 되는 일이구나 싶었다. 그러나 '믿는 자에게 능치 못함이 없다고 하지 않았나' 하는 생각이 들어서 다시 밤에 장로님께 전화를 드렸다. "어떻게 하든지 여기서 할 수 있는 일들은 가능한 한 해볼 테니 장로님이 하실 수 있는 일을 도와주세요" 하고 전화를 끊었다. 건축 사무실로, 등기소로 오락가락하면서 기적같이 건물 등기를 며칠 만에 마칠 수 있었다. 건물 등기부 등본을 받아서 장로님께 전화를 드렸다.

"장로님, 등기가 나왔으니 가지고 가세요"라고 부탁했더니 "아니, 나보고 가지러 오라는 것입니까?"라고 반문하셨다. "그래 주세요. 제게 기동성이 없으니 부탁을 드립니다." 다음 날 장로님께서 내려오셨다. 그 당시 서울에서 당진까지는 4시간이 걸렸다. 장로님께서 큰맘 먹고 내려오신 것 같았다. 자초지종을 말씀드리고 "어찌 되었든 법인 등기를 신속히 만들어주셔야 합니다"라고 부탁드렸더니 아무리 처음 하시는 목회지만 이런 경우는 없다고 하면서 총회 유지 재단 이사들이 전국에 살고 있는데 그분들이 모두 모여서 동의를 해야 등기소로 서류를 넘길 수가 있다는 것이 아닌가. 어느 세월에 그 일이 될지 장담할 수 없었다.

"장로님, 사람이 하나님의 일을 지체해서는 안 되는 것 아니겠습니까? 사람이 걸림돌이 되어서야 되겠습니까. 당장 올라가셔서 등기 서류 만들어주세요"라고 말씀을 드리니 장로님은 어이가 없는지 하늘을 보고 껄껄 웃고는 서울로 올라가셨다. 시간마다 전화로 "장로님, 어찌 되고 있습니까?"라고 독촉했다. 장로님은 잠시만 기다려달라고 오히려 사정하셨다. 그렇게 진행해 기적적으로 8월 25일 오후 5시에 등록이 되었다고 연락이 왔다. 이미 늦은 것이 아닌가. 공무원의 퇴근 시간이 5시이니 다 끝난 일이 아닐까 싶어 전화했다. 상황이 이러저러한데 지금 버스로 내려 보내라 했으니 오늘 중으로 받은 것으로 처리해주면 안 되겠느냐고 했다. 그랬더니 담당 공무원은 고맙게도 기다릴 테니 도착하면 가지고 오라고 했다. 어째서 이런 호의를 베풀어준 것인지 지금도 알 순 없지만 담당 공무원은 내 평생에 잊을 수 없는 또 한 분의 선한 이웃이 되었다.

그렇게 서류를 제출하고 심사를 기다렸다. 심사 위원 30명이 와서 살펴보는데, 나는 우리 교회만 신청한 줄 알았더니 30곳이 넘는 교회와 사찰, 일반인들이 신청했다고 했다. 그러면서 어느 시간에 심사 위원들이 갈지 모르니 나가지 말고 기다리라는 것이다.

성도 두 명에게 한복을 입게 해 앞에 세우고 이런저런 차를 준비하며 온종일 기다려도 사람들이 오지 않았다. 해가 질 무렵에 한 무리의 사람이 교회로 들이닥쳤다. 예배당 문을 열어보더니 "여기 아무것도 없잖아. 이거 뭐야?" 하고 서로들 어리둥절해하며 "여기는 아니구먼" 하며 돌아가는 것이 아닌가? 그래서 끝났구나 싶었다. 뭐가 뭔지도 모르고 그냥 우리는 안 되는 것인가 생각하고 집에 들어가 쉬고 있었다. 그런데 밤 9시가 넘어서 전화가 오는 것이다. "누구십니까?" 하니 담당 공무원 목소리이다. "하나님께서 개척 교회를 도우셨나봅니다. 오늘 당선되셨습니다"라고 전하며 전화를 끊는 것이다. 도대체 이게 무슨 말인가?

일단은 어린이집 대상이 된 것은 분명한데, 이제부터 할 일이 한두 가지가 아니었다. 현재 있는 건물이라곤 예배당 60평짜리 달랑 하나뿐인데, 그 안에 어린이집을 꾸미라는 것이었다. 그러면 교회는 어디로 간단 말인가? 이거 말도 안 되는 일이 아닌가? 그런데 공무원의 말은 국가에서 시설을 빌려 쓰는 것이기 때문에 완전히 만들어놓아야 지원금 3,000만 원을 줄 수 있다는 것이었다. 더불어 그 3,000만 원은 시설이 되어 있는 곳에 교재 구입비로 사용해야지 다른 용도로 사용해서는 안 된다고 했다.

어린이집 건축

그래서 고민 끝에 건축 회사를 찾았다. 마침 삼형건축이라는 곳이 있었는데 3형제가 건축하는 회사였다. 찾아뵙고 내 사정을 말씀드리면서 "50평만 건축을 해주십시오. 돈은 나중에 드리겠습니다. 교회를 건축하고 나니 제 수중에 단 10원도 없는데 건축을 해주시면 나중에 건축비를 꼭 드릴 테니 50평을 2,700만 원에 지어주십시오"라고 부탁했다. 그랬더니 눈을 크게 뜨며 "그런 건축이 어디 있습니까? 말도 안 되는 이야기를 하시는군요"라며 단칼에 거절하는 것이 아닌가! 돌아서며 "제 말씀대로 해주시면 좋은 일이 많을 겁니다"고 하고 돌아왔다.

어디를 돌아봐도 이 일을 해줄 곳이 없었는데 삼형건축 회장님이 어둑할 때 찾아왔다. "전도사님, 돈은 언제쯤 줄 수 있습니까?"라고 묻는다. "12월이나 1월 중에 드리겠습니다"라고 말했다. 이건 내가 생각해도 대책이 없는 돈인데 어쩌려고 그럴까? 또 땅을 살 때처럼 일단 말을 먼저 선포한 것이 아닌가. 그러거나 저러거나 건축은 해야 할 일이니 도와달라고 부탁드렸다.

건축이 시작되었다. 10월경에 시작된 건축이 지지부진해지면서 12월까지 마감되지 않고 있었다. 여가로 지어지는 건물이었던 모양이다. 짬짬이 와서 건축을 하다보니 하릴없이 시간이 흘러 한겨울이 되었던 것이다. 공무원에게 전화가 와서 예산 집행이 12월까지인데 공사는 끝났느냐고 한다. 외관 공사는 끝났지만 내부 설비가 전혀 되어 있지 않았다. 교육 시설을 세우는 데 한두 가지 물건이 필요한 것이 아니라는 것을 점점 알아가면서 내가 말도 안 되는 일에 도전했구나 생각하니 기가 막혔다. 오고 가는 사람이 와서 페인트를 칠해주고 나는 완전히 목수가 되었다. 돈이 없으니 홍정석 청년과 함께 기존의 어린이집을 수십 번 왔다 갔다 하며 놀이터의 사각 구멍 사이즈 하나까지 자로 재고 그려 목재를 사다가 밤을 새워 놀이터를 만들었다.

놀이터를 그럴싸하게 만들어놓고 내부 벽의 페인트를 칠하고, 바닥 장판을 붙이고, 변기를 사다 걸었다. 어린이들이 쓸 수 있는 책상과 의자, 책꽂이 등은 원목을 사다가 대패질하고 왁스를 칠하며 하나하나 손으로 만들었다. 그렇게 정신없이 서둘렀는데도 2월이 지나가고 있었다. 담당 공무원은 이틀이 멀다 하고 들여다보며 오히려 나보다 더 발을 동동 굴렀다. 행정적인 일들에 다 때가 있을 터인데 나 때문에 여러 사람이 고생하고 있었다.

드디어 3월이 되어 서른네 명의 원아 모집을 허락받았다. 이 산골에 어디서 어린이가 오겠느냐고, 이미 12월 중에 어린이 입학은 모두 마감되었으니 이제 올 어린이도 없을 거라고 걱정을 하던 공무원이 원아 모집 광고 쪽지를 만들어서 아파트 단지에 붙여주는 일까지 했다. 국가 지원 시설인데 원아가 없으면 큰일이다 싶었던 모양이다.

그러고 보니 선생님이 없었다. 이걸 어떻게 하나. 당시에 유치원 교사 자격을 가진 사람이 이 지역에 없었다. 아내가 병원에 다녀오

서른여섯 명의 천사.

더니 병원 복도에서 한 사람을 만났는데 서울에서 유치원 선생님을 하시던 분이라는 것이다. 아내는 그분께 전도할 겸 우리 어린이집에 와서 근무를 할 수 있겠느냐고 물었더니 그분이 자신은 교회를 다니지 않는 사람이라 교회 기관에 올 수 없다고 했다는 것이 아닌가? 그분의 마음을 돌이켜 보내주셨으면 좋겠다고 기도했다. 연락처도 없이 그분을 어떻게 만날까 싶었지만 우연히 다시 만나게 되어 사정했더니 그분이 교회를 찾아왔다. 찾아와서 시설을 돌아보더니 나를 어이없다는 눈으로 쳐다보았다. 이런 시설과 상태로 어떻게 아이들을 모아 가르칠 것인가 하는 걱정 때문이다. 그래서 여기까지 온 것도 기적인데 나머지야 안 될 것이 뭐가 있겠느냐고 장담하며 출근이나 하라고 했다. 그랬더니 쉽게 알았다고 대답하는 것이었다. 선생님 한 분을 그렇게 모셨는데 나머지 두 명의 선생님을 또 뽑아야 하는지라 광고를 냈다.

고생 끝에 선생님을 겨우 모집하여 입학식 날이 되었다. 사전 접수가 전혀 되지 않은 상태였지만 늘 그랬듯이 대책이 없을 때는 기도하는 것밖에 길이 없지 않았던가. 기도에는 참 신비로운 능력이 있다. 보이지 않는 것을 구하고 찾을 때 꿈같이 이루어지는 능력이 기도를 통해서 일어난다.

입학식 날이 되어 문을 활짝 열고 풍선 장식을 한 뒤 어린이들을 기다리고 있었다. 지금 생각하면 말이 안 된다. 그런데 논둑길을 따라 할머니 등에 업혀 오는 아이를 시작으로 한 명 두 명 찾아오는 것이 아닌가? 11시로 입학식을 준비하고 있었는데 어디서 오는지 서른여섯 명의 어린이가 온 것이다. 이젠 내가 놀랐다. 산골에 시설도 온전치 않고 처음 문을 연 어린이집에 이렇게 많은 어린이가 오다니! 담당 공무원은 두 명이 초과되었는데 틀림없이 많은 숫자가 떨어져나갈 테니 그냥 받아서 기다려보라고 했다. 그런데 한 명의 낙오자도 없이 모든 어린이가 매우 행복하게 생활했다.

아이들 마음속에 자라나는 하나님의 꿈

돈이 없어서 산나물을 캐러 들로 산으로 달려가면서 나물과 함께 1년을 살았다. 대다수가 서민들이라 학비를 내는 사람이 절반밖에 되지 않았지만 부족함 없이 하나님 은혜로 버티었다. 지금은 191명의 어린이집으로 성장해서 해마다 8:1 정도의 경쟁률을 보인다. 그때 첫 선생님으로 함께한 양안선 선생님은 2014년에 피택 권사가 되었다. 돌아보니 어린이집의 사연이 기적 같기만 하다. 2015년에는 어린이집에 우리 어린이집 출신 선생님이 들어왔다. 한 세대가 지난 것이다. 꿈만 같다.

월요일에 우리는 두 시간 넘게 예배를 드린다. 4세부터 7세까지 꼬마들이 두 손으로 예배당 의자를 꼭 붙들고 얼굴을 치켜 올리며 목이 터져라 찬송을 부르고 성경 말씀을 듣는다. 입에서 흥얼흥얼 찬양을 부르고 영어로 찬송한다. 식탁에 앉아서 "예수님, 고맙습니다. 사랑합니다. 감사합니다. 잘 먹겠습니다"라고 외치는 아이들의 입술을 보며 어찌 그리 아름다운지 말로 다 표현할 수가 없다. 하나님의 꿈이 저 아이들 속에서 자라고 있는 것이다. 사막에도 물길을 내시며 광야에도 길을 내시는 여호와 하나님의 은혜가 이곳에 있는 것이 아닌가 싶어 모든 것이 감사할 뿐이다.

형제들아 우리가 어찌할꼬 하거늘 베드로가 이르되

너희가 회개하여 각각 예수 그리스도의 이름으로 세례를 받고

죄 사함을 받으라 그리하면 성령의 선물을 받으리니

_행 2:37~38

3부

축복

멈출 수 없는 영혼 구원

땅은 구입했지만 이곳에서 신앙생활을 하겠다고 스스로 찾아올 사람은 없었다. 가난하고 초라하니까 마음마저 위축되는 그런 시절이었다. 하나님을 신뢰했고 하나님께서는 이곳에 세워지는 교회가 하나님의 특별한 뜻 안에 있음을 정확히 보여주셨지만 교회 부흥이 저절로 되는 것은 아니었다. 역시 우리의 몫이 있었다. 밭이 있다 해도 때를 따라 농부가 씨를 뿌리고 가꿔야 좋은 열매를 얻을 수 있는 법이다. 〈사도행전〉에서 사도들도 성령이 임하신 후 방 안에 가만히 앉아 있지 않았다. 거리로 달려 나갔다. 거리에 나가 복음을 외칠 때 많은 사람이 물었다.

형제들아 우리가 어찌할꼬 하거늘 베드로가 이르되 너희가 회개하
여 각각 예수 그리스도의 이름으로 세례를 받고 죄 사함을 받으라
그리하면 성령의 선물을 받으리니 (행 2:37~38)

우리 교회는 당진 시내에서 8킬로미터 떨어진 시골에 있다. 또한
큰 도로에서 2킬로미터를 더 들어와야 하는 산속에 있다. 농로가 좁
기 때문에 초보 운전자는 올 수 없었다. 우리가 나가서 전하지 않으
면 아무도 올 수 없는 곳이다.

성경에는 기다려라, 그리하면 찾아올 것이라는 말씀이 없다.
"가서 전하라." 이것이 주님의 명령이셨다. 그러나 일반적으로 개
척 교회를 시작할 때 처음 한동안은 열심히 거리에 나가서 전단지
를 돌리고 일련의 전도 활동을 하다가 스스로 그만두고 막연히 찾
아오는 성도들을 기다리는 경우가 많았다. 전도 활동을 해도 별로
열매가 없어 낙심하고 포기하기 때문이다.

거리로 나서다

그저 길거리에 서서 외치는 노방 전도는 상계동이나 충무로 역전,
사당동과 산본에서도 해본 경험이 있었다. 돌아보면 내 열심과 열
정의 만족도는 높았는데 전도로 연결되는 경우는 많지 않았다.

〈사도행전〉에서 사도 바울을 보면 누구에게든 어떤 상황에서든
복음을 전했다. 그는 감옥에서도 죄수로 잡혀가면서도 복음을 전했

고 그로 인하여 많은 사람은 구원받게 되었다. 그러나 사도 바울이 가장 많이 활용한 방법은 안식일 날 회당에 모인 무리를 찾아가 복음을 전한(행 17:1; 살 17:10) 것이다. 복음은 하나님 말씀에 익숙한 사람들에게 가장 효과적으로 전해진다는 것이다.

나는 당진에 아는 사람이 없었다. 물론 하나님 말씀에 익숙한 사람도 없었다. 거리에 나가긴 해야겠는데 접촉점을 찾기가 쉽지 않았다. 방법을 강구하다가 문득 밭 주변에 널려 있는 칡넝쿨이 눈에 들어왔다. 무엇인가 내게 있는 것을 들고 가서 접촉점을 찾아야겠으나 그럴 형편이 되지 못했다. 그러다가 자연 속에 있는 칡차를 들고 가자는 생각이 들었다. 힘들었지만 대단한 칡들을 캘 수 있었다. 족히 100년은 된 것 같은 칡들이었다.

이것을 차로 만들어보려니 끓이는 경비가 부담이 되었다. 할 수 없이 가스통을 메고 엘피지 충전소로 가서 직접 충전했다. 절약되는 경비는 얼마 되지 않았지만 개척 교회의 형편은 1,000원짜리 한 장도 큰 것이었기 때문이다. 그렇게 칡차를 들고 나가 길거리와 상가에서 차를 나누기 시작했다. 그런데 그냥 차만 돌리고 오는 형국이었다. '이게 뭐하는 것인가' 하는 회의도 있었지만 시작한 일은 끝까지 한다는 생각으로 하루도 쉬지 않고 했다.

몇 달이 지나자 슬슬 꾀가 나기 시작했다. 그래서 하나님께 서원을 올렸다. "하루 100명에게 차를 나누겠습니다. 그리고 300명 성도가 될 때까지 계속하겠습니다." 서원은 일방적으로 할 수 있지만 그 약속을 지킨다는 것은 여간 어려운 일이 아니었다. 사람을 100명 만나 정중하게 복음을 전한다는 것이 생각처럼 쉽지 않았다. 새벽 1~2시까지 다니는 날이 많았다. 시간이 흐르면서 성도 가운데 몇 분이 같이 돌아주어 부담이 줄었다. 상가와 병원, 관공서를 돌아 들어오길 4년 반쯤 했나보다. 주일날 예배당에 들어가는데 설교단까지 성도들이 있는 것이 아닌가? 눈물이 나고 가슴이 먹먹했다. 85평의 예배당이 가득 채워진 것이다.

알아서 오신 가족은 별로 없었다. 정확히 조사했더니 89퍼센트가 전도를 통해 등록한 이들이었다. 이 감격을 어디에다 말할 수 있을까? 참 놀라우신 하나님이시다. 가서 전하라고 하신 것은 분명 하나님의 약속이고 명령이다.

> 또 이르시되 너희는 온 천하에 다니며 만민에게 복음을 전파하라 믿고 세례를 받는 사람은 구원을 얻을 것이요 믿지 않는 사람은 정죄를 받으리라 믿는 자들에게는 이런 표적이 따르리니 곧 그들이 내 이름으로 귀신을 쫓아내며 새 방언을 말하며 뱀을 집어 올리며 무슨 독을 마실지라도 해를 받지 아니하며 병든 사람에게 손을 얹은즉 나으리라 하시더라 (막 16:15~18)

이 말씀이 우리를 통해 열매를 맺은 것이 아니겠는가? 얼마나 자랑스럽고 감사한 일인가?

영혼을 보는 눈

개척 교회를 세우기 전의 일이다. 6월 초순 주말로 기억한다. 날이 더워지고 있었다. 모내기 철이어서 들판은 순식간에 푸르게 변했다. 나는 그때 한창 수도권 남부 지역을 돌아다니고 있었다. 혹시 개척 교회를 할 만한 곳이 없는지 찾기 위해서였다. 교회를 개척해야겠다고 생각하고 돌아다녀보니 어디를 가도 교회 없는 골목이 없었다. 가능한 한 교회 없는 곳을 찾고 싶었는데 쉽지 않았다. 골목을 돌아다니다가 마땅한 데가 없어 다른 도시로 건너가다보니 어느새 오산을 향해 가고 있었다.

당시 동탄 길은 좁은 2차선 도로였다. 할아버지 한 분이 길 건너 논으로 가려고 길을 횡단하는 중이었다. 그때 저편에서 푸른 신호를 받은 트럭이 달려오고 있었다. 순간 당황한 할아버지께서 오락가락하다가 그만 차에 정면으로 부딪혔다. 큰 충돌은 아닌 것 같았는데 할아버지는 그대로 뒤로 넘어지셨다. 아차 싶었다. 달려가서 할아버지를 끌어안았다. 정신을 잃은 할아버지의 머리 뒤에서는 많은 피가 흘러나오고 있었다. 정신을 차리도록 할아버지를 불러보았지만 그대로 숨을 거두셨다. 숨을 거두신 할아버지의 모습이 너무도 생생하다. 왼손에 모포기를 꼭 쥐고 놓지 않으셨다. 하나하나 내가 뜯어내드렸다.

손에 모 한 포기를 움켜쥔 채 말 한마디 못하고 떠나신 할아버지의 마지막은 참으로 슬픈 모습이었다. 걷어 올린 바지와 팔소매는 물론이고 온몸이 흙투성이가 되신 채 무엇을 잊지 못하셨는지 눈을 크게 뜨고 운명하셨다.

구급차가 도착해 할아버지를 모셔갔다. 순식간에 일어난 일에 넋을 놓고 있다가 뒤에 오는 차량들 때문에 경황없이 돌아왔다. 마음이 착잡했다. 할아버지가 자꾸만 꿈에도 나타나셨다.

마지막 순간에도 눈을 감지 못하고 위를 보고 계셨던 얼굴, 걷어 올린 바지, 흙으로 범벅된 온몸, 그렇게 논길에서 인생의 마지막을 허무하게 보내신 할아버지의 모습은 많은 것을 생각하게 했다. '이렇게 허무한 것이 인생이구나. 평생을 허덕이며 살다가 어느 한 날에 홀연히 바람처럼 떠나가는 것이 인생이구나.' 성경에서 헛되고 헛되다며 그토록 말해도 내 문제가 아니면 실감하지 못하는 것이 인생이었다.

사실 영혼 구원에 대하여 분명한 목적을 가지고 있지 않았다. 그런데 이 사고를 목격하면서 나는 큰 충격을 받았고 양심의 가책과 의무감을 갖게 되었다. 어리석은 인생을 깨닫게 하기 위해서 한 영혼을 희생시키신 게 아닌가 하는 죄책감이 내 안에 있었다.

그 후로 영혼 구원에 대한 각오가 달라졌다. 전도해야겠다는 생각을 하고 사는 것과 직접 전도하는 것은 많이 다르다. 삶이 전도이고 생활이 늘 전도로 이어지는 사람이 되어야 하나님의 사람이 아니겠는가? 그때부터 거리에 오가는 사람들이 불쌍하게 보여 마음이 편치 않았다.

1년 1인 1명 전도 운동

씨를 뿌리면 반드시 거둔다. 이것은 원리다. 어떤 사람이라도 심지 않은 데서 거둘 수는 없는 일이다. 오늘 씨를 뿌리지 않으면 언젠가는 빈손이 될 것이다. 그것은 교회나 개인이나 마찬가지 아니겠는가? 눈물로 씨를 뿌리는 자는 기쁨으로 단을 거둘 것임을 믿어야 한다. '옆집을 전도하지 못하면 전국 어디든 아는 분들을 전도하자. 전화를 하든 편지를 보내든 찾아가든 초청을 하든 성도라면 아무리 못해도 1년에 1명은 반드시 전도해야 한다'는 생각이 들어 1인 1명 전도 운동을 전개했다. 다행히 많은 성도가 동참해주었다. 어떤 분들은 자신 없다며 연락처를 넘겨주기도 했다.

몇 해 전 부산의 한 교회에서 전도 집회를 하게 되었다. 밤에 설교를 마치고 5층 서재로 올라가려는데 엘리베이터가 순식간에 아래층으로 내려가는 것이었다. 누군가 아래층에서 타려고 했다. 아래층에 도착해 문이 열리자 아이를 데리고 젊은 자매가 탔다. '다른 성도들은 지금 기도하는 시간인데 웬일일까?' 하면서 바라보는데 그 자매님이 나를 보는 순간 화들짝 놀라고 어쩔 줄을 몰라 하는 것이 아닌가!

"안녕하세요. 이수훈 목사님. 저 최경옥이에요."

서울 말투였다.

"저를 아세요?"

이번엔 내가 놀랐다. 어떻게 나를 이 젊은 여자가 안단 말인가?

"사실은 목사님, 정영옥이 전도하려고 했던 서울 무역회사에 다니던 최경옥이에요."

아차 싶었다. 전도를 위해 몇 번 통화했던 기억이 났다. 그때 사정사정하면서 교회에 꼭 나가라고 전도했던 분이었다.

어떻게 여기에 오시게 되었을까 궁금했다. 바로 함께 5층으로 올라갔다. 내가 사연을 묻기도 전에 경옥 씨는 그간 자신에게 일어났던 일들을 털어놓기 시작했다. 서울에서 무역회사를 다니다가 남편이 발령을 받아 부산 대연동에 오게 되었단다. 그런데 얼마 전 청소를 하려고 창문을 열었는데 인터넷에서 몇 번 보았던 내 사진이 대문짝만 한 현수막에 걸려 창문 앞에 있더라는 것이다. 얼마나 놀랐는지 반갑기도 하고 신기하기도 하더란다. 혹시나 해서 영옥 씨한테 전화를 해보니 목사님이 부산에 가시는 게 맞다고 했단다. 그렇게 한 달 동안 현수막에 걸려 있는 사진 때문에 안절부절못했다는 것이다.

막상 집회가 시작되니 가볼까 말까 갈등을 많이 했단다. 그러다가 마지막 날 '그래도 양심이 있지 가서 혹시 만나면 인사라도 해야 도리가 아닌가' 하는 생각에 딸아이를 데리고 밤 집회에 참석했던 것이다. 그러나 부담스럽고 쑥스러워 설교가 끝나자마자 달아나려던 찰나에 엘리베이터 안에 내가 서 있으니 얼마나 놀랐는지 정신이 없었다고 했다.

하나님께서 그렇게 해서라도 만남을 갖게 해주셔서 한 가정을 구원하신 것이 아닌가 생각하니 놀랍고 신기했다. 전화로 했던 전도가 이렇게 열매를 맺는 것이 얼마나 신비한 일인지 가슴이 쿵쾅거렸다. 전국에 있는 교회들이 이웃을 전도하기 위해 손을 잡고 지역마다 연결해서 전국적인 전도 운동을 한다면 얼마나 좋을까 하는 생각을 해보았다.

하나님은 사랑하는 자를 결코 외면하지 않는 분이시다. 땅끝까지라도 찾아가는 분이 아니신가?

나의 사랑하는 자가 내게 말하여 이르기를 나의 사랑, 내 어여쁜 자야 일어나서 함께 가자(아 2:10)

그렇다. 그날 밤 경옥 씨는 그 교회 담임목사님 앞에서 상기된 마음으로 등록 카드를 작성했고 하나님의 섭리에 놀라면서도 행복해했다. 나는 그분의 신앙을 보살필 권사님과 연결해드리고 하나님을 찬송하며 행복한 길을 달려왔다. 참 멋진 일이다. 정말 멋진 하나님이시다. 할렐루야!

한 단지 안에 20호가 있었다. 그중 1호부터 전도를 시작했다. 통상 전도를 시작하면 전체 단지를 빠짐없이 다 돌아다녔다.

어느 한 집의 문을 노크하고 들어갔다. 젊은 부인이 매우 불편한 얼굴로 힘없이 기대앉아 있었다. 갑상선 질환으로 기운이 없어 정상적인 가정생활이 어려웠던 것이다. 젊은 부인인데 그 상황이 얼마나 어려울까 생각하니 마음이 아팠다. 몸이 힘들어 남편이 출근하면 집에 누워 있는 것이 일과라고 했다.

"제가 기도해드리면 나아질 것 같은데 그래도 될까요?"

그러니까 힘없이 "그러세요" 하신다. 정성껏 기도했다. 온 힘을 다해 기도한 다음 "제가 한 가지 권면을 해드려도 될까요?" 하고 물었다.

"무슨 말씀이신데요?"

"저랑 같이 전도 활동 좀 해보시면 어떨지요?"

황당한 질문이었다. 착한 부인은 거절을 잘 못하는 성품인지 "그래요. 그런데 이런 몸으로 어떻게 전도를 해요?"라고 답하셨다.

"네, 그러니까 믿음을 가지세요. 믿음으로 일어나 전도하시면 다 낫게 되십니다."

어디서 나오는 말인지 나도 모르게 무리한 주장을 하고 있었다. 그런데 그 부인은 바로 그다음 주부터 전도 활동을 조금씩 하기 시작했고 나중엔 건강이 완전하게 회복되어 전도 왕이 되었다. 사택에 살고 있는 20호 중에서 18호가 교회에 나오게 되는 기적 같은 일이 일어난 것이다. 물론 두 가정은 청년들이라 주말에는 서울 가는 집들이었으니 100퍼센트 전도를 한 것이 아니겠는가?

주 여호와의 영이 내게 내리셨으니 이는 여호와께서 내게 기름을 부으사 가난한 자에게 아름다운 소식을 전하게 하려 하심이라 나를 보

155

내사 마음이 상한 자를 고치며 포로 된 자에게 자유를, 갇힌 자에게 놓임을 선포하며 여호와의 은혜의 해와 우리 하나님의 보복의 날을 선포하여 모든 슬픈 자를 위로하되 무릇 시온에서 슬퍼하는 자에게 화관을 주어 그 재를 대신하며 기쁨의 기름으로 그 슬픔을 대신하며 찬송의 옷으로 그 근심을 대신하시고 그들이 의의 나무 곧 여호와께서 심으신 그 영광을 나타낼 자라 일컬음을 받게 하려 하심이라

(사 61:1~3)

새로 입주하는 아파트 전도를 그만두다

3킬로미터 앞에 아파트가 들어섰다. 600세대가 입주한다. 마음이 들떴다. '저 아파트에 입주하는 주민들을 상대로 집중해서 전도해 보자' 하는 설레는 마음으로 기도하면서 입주 시기를 기다렸다. 드디어 입주일이 되었다. 달려가보니 이게 웬일인가? 수도 없이 많은 교회들이 천막을 치고 성도들이 어깨띠를 매고 선물을 나누며 전도하고 있는 것이 아닌가? 이리저리 눈치를 살펴보니 당진에 있는 몇몇 큰 교회에서 나온 것이었다.

"우리도 하지요?"

같이 간 성도가 나를 바라보며 의견을 물었다.

"예, 잠시만 기다려보세요" 하고는 아파트를 한 바퀴 돌아봤다. '이 작은 단지에 우리까지 끼어들어 소란을 피우면 오히려 복음에 장애가 되지 않겠는가' 하는 생각이 들었다.

"성도님, 우리 돌아갑시다."

"아니, 왜요? 전도사님, 우리도 해요!"

"저분들이 하고 있는데 우리까지 전도하는 건 좀 그렇잖아요. 돌아갑시다."

평소 앞만 보고 달려가는 내 성격을 아는 분이라 의아해하면서 따라왔다. 준비한 짐을 풀고 오후 내내 교회에 앉아 좌담을 했다. 앞으로 우리 교회가 나아가야 할 비전을 다시 끄집어내는 것이었다. 내가 가지고 있는 비전이 아무리 좋아도 수시로 거듭거듭 인식하도록 다짐하지 않으면 시고 사라져버려 동역자를 찾을 수 없다는 것을 알고 있었다. 하나님께서도 종종 아브라함을 만나셔서 처음 비전을 상기하도록 말씀을 주시는 장면들이 있지 않은가?

우리가 바라는 교회는 먼저 가난한 이웃과 고통 중에 있는 이웃을 품고 회복시키는 교회, 아둘람 굴에 모인 다윗의 가족과 같은 교회라고 생각한다. 우리는 믿음으로 회복되어 세상을 정복하는 그리스도의 군사 공동체다.

둘째로, 우리는 자녀를 낳아 사무엘, 다니엘 같은 탁월한 믿음의 자녀, 영성과 지성, 깨끗하고 정직한 인성을 가진 인재를 양성하여 나라와 민족을 이끌고 세계 열방 앞에 뛰어난 일꾼을 세워야 한다. 이런 비전을 이루어가기 위하여 우리는 죽도록 전도하고 가르치며 기도한다.

자녀를 많이 낳아 부모와 교회가 손을 잡고 말씀으로 양육한다는 비전을 밤이 새도록 나누었다. 그 후 그 아파트 전도를 포기하기로 했다. 이유는 교회들이 경쟁하듯이 입주민들을 향해 매달리는 것이 덕스럽지 않아 보였기 때문이다.

2년이 지나, 포기했던 그 아파트에 가가호호 방문하여 기독교 교패가 붙은 가정을 체크했다. 그랬더니 놀랍게도 4퍼센트가 되지 않았다. 2년이 지나자 전도하는 교회도 없었다. 아마도 기존에 교회를 다니던 분들만 교회를 옮겨 등록하는 수준에 멈추고 만 것 같았다. 그래서 두 명의 전도팀을 아파트에 파송하여 매일 전도했다.

한 가정 한 가정 진실한 마음으로 매일 찾아가다보니 이웃 주민처럼 친숙하게 되었고 서로 깊이 알아가면서 전도의 바람이 불기 시작했다. 놀라운 일은 환청으로 시달리는 가정, 불임으로 고통받는 가정, 결혼에 실패하여 그 문제로 정신 질환을 앓는 딸을 둔 가정, 직장이 없어 경제적인 문제를 안고 있는 가정 등등 수많은 문제를 가지고 있는 가족들이 교회로 나오기 시작했다.

여름이 되어 아파트 단지 내에 있는 어린이들을 대상으로 옛적 선교사님이 했던 방법처럼 곰 가면, 호랑이 가면을 쓰고 북을 치며 아파트 골목을 돌아다녔더니 아이들이 100명 가까이 달려 나왔다. 건물이 작아서 아이들이 다 들어갈 수 없었지만 마당에서, 논둑에서, 나무 밑에서 10여 명씩 그룹을 지어 춤을 추고, 성경을 암송하며, 찬송도 부르면서 자연 속에서 신나는 캠프를 즐기게 했다. 모처럼 아파트에서 빠져나와 산속에서 자연과 함께 뛰놀던 아이들은 개울에서 물장구를 치고, 엄마와 아빠의 품을 벗어나 마음껏 자유를 누리면서 너무도 신나 했다. 이 아이들과 친숙하게 사귄 것은 엄마들이 하나둘 교회에 나오는 동기가 되었다.

매일 출근하여 단지를 돌면서 전도하니 어느새 슈퍼마켓, 분식점, 미장원, 부동산, 2층 상가 주인 등등이 모두 교인이 되었다. 특히 한 가정은 아파트 상가에 정육점을 오픈하여 전도 본부로 삼기 시작했다. 그렇게 하기를 3년. 교회 성도가 400명가량 되었는데, 아파트 전체 입주민 중 34퍼센트에 가까운 주민들이 교회에 나오고 있었다.

그 가운에 환청에 시달리던 한 자매가 있었다. 세례를 받을 때 성령을 체험하고 환청을 치유하기 위해 그 자매에게 금식하며 세례를 준비하라고 했다. 드디어 세례를 받는 날, 여덟 명이 함께 세례를 받았다. 집례자인 나와 세례를 받는 분들이 함께 금식하고 몸에 있는 더러운 병의 치유와 성령 충만을 고대하면서 절박한 마음으로 세례식에 임했다. 드디어 세례를 베푸는 순간 "믿음대로 되리라" 하신 말씀처럼 환청이 사라지며 질병들이 떠나가는 치유의 역사가 일어났다. 세례자들이 감동해 통곡하기도 했다. 이 일을 경험한 성도들은 더욱더 하나님이 살아 계심을 믿으면서 새벽 기도회에 출석하기 시작했고, 밤이면 가족별로 와서 예배당에 앉아 힘을 다하여 기도했다.

한 해가 지나고 나니 예배당 마루가 눈물로 인해 썩게 되었다. 까

많게 썩어가는 마루를 보니 참으로 은혜롭고 감동적이었다. 수많은 환자와 고통 중에 있는 가정들이 새 힘을 얻고, 없던 직장이 생기며, 가출했던 자녀들이 돌아오고, 질병이 낫는 기적이 일어났다.

목회의 아름다운 열매

이 아파트에서 전도된 가족들을 상대로 예배당 마당에 있는 사택에서 주일 오후마다 3~4시간씩 제자 훈련을 했다. 아이들은 더 큰 아이들이 돌보게 했다. 매일 모여 가르치고 전도하며 구제하는 일에 힘을 쏟던 초대교회와 같이, 목회자의 사택에서 함께 음식을 나누고 배우며 기도하고 서로 교제하기를 힘썼다. 그 결과 지금 우리 교회의 교구장 13명 중 12명, 지역장 42명 중 약 20퍼센트가 그 당시 함께했던 가족들이다. 이제는 이들이 교회의 기둥이 되어서 심방과 전도, 양육을 책임지고 있고, 교회의 제반 사역을 거의 다 맡아서 섬기고 있다.

〈로마서〉 16장에 나오는 사도 바울의 동역자들처럼 교회를 함께 세우고, 섬기며, 파송하고, 비전을 세워가는 복된 동역자들이 된 것이다. 이분들은 하루 종일 심방과 전도, 양육을 하고 밤이 되면 현장 보고서를 보낸다. 어느 날엔 새벽 1시 30분에 보고서를 받은 적도 있다. 미안하기도 하고 고맙기도 하다. 교회를 섬기는 일 때문에 이분들의 가정에 소홀함이 없기를 바라고 하나님의 특별하신 복이 임하길 새벽마다 특별히 기도하고 있다. 사도 바울이 〈로마서〉를 통해 인사하면서 감사하던 그 마음으로 나는 평생 이 동역자들을 잊지 못할 것이고 감사할 것이다. 그들이 내 목회의 아름다운 열매로 남게 되기를 하나님께 간구한다.

　어느 경우이든 교회가 이 땅에 세워지기까지는 헌신한 가족들이 많을 것이다. 우리 교회에도 보이지 않는 곳에서 눈물로 기도하는 일꾼들과 봉사와 헌신을 아끼지 않는 분들이 많기 때문에 오늘까지 한 해도 주춤하지 않고 지속적으로 부흥하고 있다. 참으로 고맙고 미안하지 않을 수 없다.

　한번은 비가 장대같이 쏟아져서 우리도 좀 쉬어야겠다는 생각을 하며 시내에 나갔다. 아파트 단지를 지나는데 등에 아이를 업고 한 아이를 손에 붙든 채 비닐봉지를 손에 들고서 빗속을 걸어가는 아기 엄마가 보였다. 어디서 본 듯한 모습인데 누구일까 싶어 자동차를 멈추고 유심히 바라보니 우리 교회 이 집사님이 아닌가! 너무 놀라 우산을 펴들고 달려가 아이들을 데리고 이 빗속에 어디를 가느냐고 물으니 머뭇거린다. 재차 어디를 가느냐고 물으니 손에 봉지를 들어 보이며 이것을 전달하러 간다는 것이다. 궁금했다. 빗속에 무엇을 누구에게 전달하고 싶어서 어린아이들을 데리고 비를 맞으며 이렇게 가고 있을까? "집사님, 그 봉지 속에 있는 것이 뭐예요?" 하고 물으니 부끄러운 듯 숨긴다. 다시 좀 보자고 여니 깻잎이 차곡차곡 담겨 있다. 이게 뭐냐고 또 물으니 그동안 전도하기 위해 맘에 두었던 이웃들이 있었는데 잘 만날 수가 없었단다. 그런데 마침 비가 와 혹시 집에 있을까 싶어서 이것을 전달하러 가는 중이라고 하는 것이다.

가슴이 먹먹해졌다. 이렇게 많은 비가 내리는 날 이웃을 전도하기 위하여 깻잎을 절여 찾아가는 집사님을 보니 하나님께서 시키지 않으셨다면 어떻게 사람의 마음으로 가능했겠는가 하는 생각이 밀려왔다.

집사님에게 우산을 씌워주자 됐다면서 종종걸음으로 빗속을 달려갔다. 엄마 손에 매달려 끌려가는 어린아이와 황급히 가는 집사님의 뒷모습이 지금도 눈앞에 생생하다. 집사님 남편은 공무원이라 생활 형편이 넉넉하지 않았다. 아이가 셋이고 여유가 없음에도 불구하고 집사님은 김치나 깻잎절임을 만들어 나르거나 과일을 사다 나르는 손 전도에 열심을 다했다.

언젠가 그 남편 집사님이 걱정했다. 아내가 도대체 돈을 어디다 쓰는지 쓰는 곳도 없는데 늘 월급이 부족하다고 한숨을 쉰다는 것이다. 내가 그 말을 듣고 뭐라 할 말이 없어서 얼굴만 바라보며 속으로 기도했다. "하나님, 저 집사님의 가정에 약속하신 하늘의 신령한 복과 땅의 기름진 복을 부어주소서." 목회자는 이럴 때 이렇게 기도하는 일밖에는 할 수가 없다. 지금은 남편 집사님이 거듭거듭 진급했고, 이 집사님은 교구장이 되어서 한 교구를 책임지고 섬기게 되었다. 섬길 때는 몰랐지만 세월이 흐르면서 그 가정이 커가는 모습을 내 눈으로 본다. 하나님을 섬기는 일이 결코 헛되지 아니하고 복이 된다는 사실을 고백할 수 있게 하심에 하나님께 감사를 드린다.

어느 날 낯선 사람이 교회 마당에 서성거렸다. 달려 나가 누구시냐고 물으니 이곳에 실제로 전도하는 목사님이 있다 하여 확인하러 왔다는 것이다. 일단 사택으로 모시고 들어가 자초지종을 들었다. 한의사인데 복음을 위하여 자비를 들여 전국을 돌아다니면서 예수님을 전하는 사람이라고 소개하는 것이 아닌가! 그러면서 진짜 전도하며 살아가는 목회자를 만나고 싶어 소문을 듣고 찾아왔다는 것이다.

그 말에 한바탕 웃음이 나왔다. '별난 사람이구나. 어디 궁금한 것이 없어서 그러한 것이 궁금하다고 일부러 찾아왔단 말인가? 평범한 분이 아니구나' 싶었다. 대화를 해보니 범사에 예리하고 진솔하며 꾸밈이 없는 분이란 생각이 들었다. 몇 시간 동안 대화를 나누면서 우습기도 하고 재미있기도 했다. 그러면서도 나에게 "실제로 전도하느냐?"고 여러 번 묻기에 "그럼 목사가 전도하지 않으면 뭐하라는 거냐?"고 되물었다. 그러자 "전도하지 않는 목사도 많다. 이제 제대로 찾은 것 같다"고 말하고는 전도 현장의 이야기들을 이것저것 물었다. 성도가 몇 명이냐 묻고 사실인지 거듭 확인했다. 그러더니 나더러 누구든지 예수 믿겠다고만 하면 한약을 무료로 지어줄 터이니 사람을 불러오라고 하는 것이 아닌가!

그 후 지금까지 10년이 넘도록 이 사역은 계속되고 있다. 전국에서 전도 일꾼 세우기 집회를 하고 다니는데 원장님을 지방에서도 만난 적이 있다. 우연이라 할 수 없는 만남이 계속되면서 이제는 평생 동역자가 된 분이다.

환청에 시달리며 마땅한 직업이 없던 남편과의 결혼 생활을 힘겨워하던 자매가 있었다. 환청만이 아니라 몸의 여러 군데가 어딘지도 모르게 늘 아파서 힘들어했다. 세례를 받은 이후 환청이 사라지는 것으로 하나님이 살아 계심을 확신한 뒤 자매는 이웃 전도에 열심을 다했다. 지금은 지역을 옮겨 다른 아파트 촌에 거주하는데, 어느덧 중년을 넘기면서 안정된 가정과 잘 자라나는 자녀들을 통해서 행복하게 살고 있다. 또한 모범이 되는 교구장이며 사랑받고 존경받는 신실한 하나님의 가정을 세워가고 있다.

그 자매가 두 딸을 낳고 아들을 낳지 못하고 있었다. 임신만 하면 유산이 됐기 때문이다. 다시 아들을 낳게 해달라고 하나님께 기도하며 틈만 나면 내게 와서 안수기도를 부탁했다. 그러나 임신만 하면 유산이 되었다. 이러한 일들이 거듭되면서 몸은 더욱더 약해졌고 낙심되었으며, 나 또한 왜 하나님의 역사가 여기까지일까 고민했다.

아이 낳기를 고대하지만 유산이 거듭되는 자매가 생각나서 이상화 원장님께 아기 좀 안 떨어지게 약을 써달라고 부탁드려 약을 지어갔다. 그런데 소식이 감감했다. 몇 달이 지난 어느 날 사택에 들른 원장님과 이런저런 이야기를 하고 있는데, 창밖에 자매가 지나가고 있었다. 그래서 자매를 잠깐 불러서 어찌 되었는지 진맥 좀 받아보자고 했다. 그런데 원장님이 아들 임신 2주째라고 장담하시는 것이 아닌가! 그래서 내가 웃으며 점쟁이도 아니고 무슨 2주 된 아기를 어떻게 아들, 딸까지 구별하느냐고 하니 원장님이 내기를 하자는 것이었다.

그래서 자매에게 내일 당장 병원에 가서 임신을 확인해보라고 했더니 다음 날 임신이 되었노라고 울먹이며 전화가 왔다. 정말 기가 막히게 용한 원장님이셨다. 세월이 흘러 자매가 정말 아들을 낳았는데 이게 웬일인가. 한 겨울에도 옷을 벗고 온 마당을 뛰어다니는 것이 아닌가. 이 아이가 아무래도 약을 먹고 태어나서인지 힘이 세어 두 살 때 벌써 철봉에 대롱대롱 매달리고, 신발도 신지 않은 채 온 산을 헤매고 다니는 것이었다. '타잔'이 태어난 것이다. 아마 나중에 장군이 되거나 큰 용사가 될 것 같다.

환청에 시달리는 고통을 통해 부르신 하나님께서 이런저런 모양의 작은 사건들로 역사하셔서 하나님이 하나님 되심을 나타내주셨다. 우리 하나님은 정말 멋있는 분이시다.

예수의 생명이 그 안에 있는 사람들

5월 어느 날이었다. 현대아파트 108동에 사는 어느 자매가 쌍둥이를 임신했는데 한쪽 아이가 태중에 사망하여 태반까지 문제가 생겼다. 산모가 남은 아이를 낳기 위하여 몸부림하고 있다는 소식을 들었다. 예수를 믿은 지 얼마 안 되었지만 하나님은 전능하시다는 믿음으로 버티고 있었다. 구역장인 박수경 집사가 딱한 마음에 목사인 나를 불렀다.

달려가보니 얼굴이 백지장처럼 창백했다. 끊임없이 하혈을 하여 위험한 상태라고 했다. 산부인과 의사는 태반이 손상된 상태이기 때문에 남아 있는 아이도 위험할 뿐만 아니라 설령 살아 있어도 정상적인 아이로 태어날 수 없으니 낙태 수술을 권한다는 것이다.

믿음과 현실 사이에서 생명을 걸고 몸부림하는 엄마의 모습이 참으로 안타까웠다. 찬송을 부르고 예배를 드린 후에 "자매님, 하나님을 정말 믿습니까?"라고 물으니 믿는다는 것이다. "그러면 그 하나님이 아이를 살려줄 것을 믿습니까?"라고 물으니 "네……"라고 힘없이 대답한다. 혹시 의심이 간다면 지금이라도 병원에 가서 낙태 수술을 하는 것은 어떻겠느냐고 권면해보았다. 그랬더니 단호하게 하나님이 주신 생명을 어떻게 낙태하느냐고 오히려 그 힘겨운 얼굴을 나에게 돌리며 작은 목소리로 나을 거라고 말하는 것이 아닌가. 이것이 믿음이요, 생명을 잉태한 어머니의 마음인가보다 생각하니 마음이 참으로 무겁고 찡했다. 그 가녀린 몸으로 아이를 낳겠다고 버티는 엄마를 보면서 마치 예수님이 우리를 살리시기 위해서 십자가에 매달려 말없이 저주와 고통을 감당하셨던 것과 같다는 생각이 들었다.

자매를 소파에 기대게 하고 안수기도를 시작했다. "살리기도 하고 죽이기도 하시는 아버지, 생명이 하나님 손에 있음을 믿사오니 태중에 있는 생명을 붙들어주시고, 이 산모의 건강을 지켜주옵소서. 살아 계신 하나님은 무엇이라도 능히 하실 줄 믿습니다. 반드시 증거를 보여주시옵소서." 간절히 기도하고 밖으로 나왔다.

집으로 오는 길에 박수경 집사에게 전화가 왔다. 왜 그러느냐고 하니 지금 자매가 화장실에서 큰 출혈을 해서 위험한 상황이라고 했다. 그런데도 병원에 가지 않겠다고 버틴다는 것이다.

믿음은 생명을 걸 때 기적이 일어나는 것이다. 믿는다고 말로만 하는 것이 아니지 않은가. 홍해가 거저 갈라지고, 여리고 성이 거저 무너진 것이 아니지 않은가. 믿음은 생명을 뛰어넘어 하나님을 붙잡는 것이다. "죽음 너머에서도 역사하신 하나님, 음부의 권세가 이기지 못하는 능력의 예수님, 오늘 저 자매와 태중의 아이를 살려주옵소서. 믿습니다, 믿습니다, 믿습니다"를 수백 번 외치며 기도했다.

해가 저물어 전화하니 받지 않았다. 매우 궁금했다. 그러나 어쩌랴. 밤을 새워 예배당에서 기도했다. "오직 하나 이 일을 통하여 생명을 살리시는 하나님만 영광을 받으옵소서." 날이 밝았다. 박 집사에게 어서 가서 상태를 보라고 전화했다. 오전에 전화가 왔다. 지금은 괜찮다는 것이다. 아는 사람 하나 없이 제주도에서 당진으로 시집와서 도움을 청할 곳이 없었던 자매는 하나님을 의지하여 생명을 거는 믿음의 씨름을 하고 있었다.

놀라운 일은 자매의 하혈이 멈췄고 자매는 그 후로 별 탈 없이 아들을 낳았다는 것이다. 아들의 이름을 '현배'라 지었다. 하나님께서 태중에서 나타나셨다는 의미로 내가 지어준 것이다.

벌써 열두 살이 되어 불쑥 커버린 현배를 볼 때마다 마음이 설렌다. 하나님이 이 아들을 장차 어떻게 쓰실 것인가 기대되기 때문이다. 죽음을 초월한 믿음의 아들, 오직 기도로 살아난 아들이 아닌가. 하나님은 반드시 이 아이를 통하여 어떤 큰일을 하실 줄 믿는다. 잘 자라거라, 아들아!

이 자매에게 믿음이 생길 때의 일이다. 아이를 낳고 다른 아파트로 이사를 갔는데, 매일매일 아이를 업고 전도를 다녔다. 한번은 이웃 대형 교회에서 나를 이단이라 부른다는 소식이 들려왔다. 왜 그러느냐 알아보니 교패가 붙어 있는 집을 두드리고 다니면서 성도들을 잡아간다는 것이다. 아무리 봐도 그렇게 한 일이 없어 웬일인가 하고 현장에서 상황을 물어봤는데도 도대체 알 수가 없었다.

세월이 흘러 이 자매가 나에게 물었다. "목사님, 원로목사는 뭐예요? 전도를 하는데 원로목사라고 하는 분이 있어서 우리 교회 다니시라고 전도했습니다" 하는 것이다. 아차 싶었다. 이 자매가 교회를 다닌 지 얼마 안 되어 원로목사라는 말이 무슨 뜻인지 전혀 모르고 있었던 모양이다. 그래서 그 아파트에 가서 문을 두드리며 계속 전도했던 것이 아닌가! 그러니 그 사모님께서 우리 집은 원로목사님 댁이라 말하며 차를 한 잔씩 주면서 따뜻하게 대하니 자매가 매일 찾아가서 우리 교회 다녀야 된다고, 예수 믿으라고 전도했던 것이다. 언뜻 들으면 참 우스운 일 같지만, 얼마나 순전하고 아름다운 마음인가. 자매 안에 예수님이 계셔서 연약한 몸으로 아이를 등에 업고 하루도 쉼 없이 아파트 계단을 오르내리면서 이 집 저 집의 초인종을 누르고 "예수 믿으세요, 예수 믿으세요"라고 말하며 다닌 것이 아닌가!

이것이 살아 있는 증인들의 삶이라 생각한다. 이것이 바로 믿음의 역사이다.

> 그들이 날마다 성전에 있든지 집에 있든지 예수는 그리스도라고 가르치기와 전도하기를 그치지 아니하니라 (행 5:42)

예수의 생명이 그 안에 있는 사람은 절대 가만히 앉아 있을 수 없다. 일반적으로 전도하는 일에 열심을 내지 않는 성도들은 결국 열정이 식은 것이라기보다는 그 안에 예수님의 생명, 즉 성령이 소멸되어 무기력해진 것이라 생각한다. 제주도에서 태어나 하나님을 모르고 살아온 자매를 이곳 당진까지 시집오게 하셔서 예수님을 전하는 일꾼으로 사용하신 하나님은 참으로 놀라운 분이시다.

괜히 교회 나왔네, 괜히 예수 믿었네

한숙우 집사님을 잊을 수 없다. 폐암으로 마지막 호흡을 가다듬고 계셨다. 나를 찾는다고 하시기에 임종 예배를 준비하여 달려갔다. 겨우겨우 벽에 기대고 버티던 집사님이 침대 시트를 가리키며 열어봐달라고 말씀하셨다. 뭐가 있느냐고 물으니 어서 열어봐달라고 재촉하셨다. 침대 시트 밑에 손을 넣어보니 봉투 두 개가 있었다.

"이거 찾으셨어요?" 하니 그렇다고 하신다. 얼른 안에 것을 꺼내보라고 하신다. 꺼내보니 10만 원권 수표로 400만 원이 들어 있었다. 그걸 보여드리자 마지막 유언처럼 말씀하셨다.

"목사님! 건축 헌금입니다."

"좋은 교회를 지으세요. 그동안 고마웠어요."

그러더니 문득 내 뒤에 있는 사위를 향하여 가까이 오라 하신 뒤 봉투 하나는 그에게 건네주었다. 그리고 마지막 힘을 다하여 말씀하신다.

"최 서방! 고맙네"라고 하시며 눈물을 주르륵 흘리시었다. 한 집사님에게 이것이 어떤 돈이냐고 여쭈었다. 숨을 헐떡이시며 한마디 한마디 말씀하셨다.

"목사님. 우리 사위 사람 만들어줘서 고마워유. 저 사위가 진짜 내 아들여유."

그리고 어깨로 숨을 몰아쉬시면서 "인저 맘 놓구 눈을 감을 수 있게 되었어유. 감사혀유" 하시는 것이다.

이 사연은 2년 전으로 거슬러 올라간다. 미용실을 하는 장연숙 성도가 퉁퉁 부은 눈으로 찾아와서 최광현이란 이름을 놓고 하나님께 기도해달라고 부탁하는 것이었다. 남편이 어떻기에 그러느냐고 물었더니 더 이상 같이 살 수가 없으나 버릴 수도 없다고 했다.

어쩐 일인지 직장에 취직하면 3개월을 넘긴 적이 없고, 술과 폭언, 외박이 끝이 없다는 것이다. 부모님이 말리는 결혼을 했기 때문에 그 죗값을 치르는 마음으로 지금까지 살아왔는데 더 이상은 힘들다고 했다. 그래서 집을 나가려고 수없이 고민하던 중에 전도를 받아 교회에 다니게 되었다는 깃이다. 그런데 교회를 나오면서부터 문제가 더 복잡해졌단다. 이제 예수님을 알기에 애들을 버릴 수도 없고, 남편을 버릴 수도 없는 상황이 되었다는 것이다. 그래서 남편을 회복시켜주시면, 변화시켜주시면 하나님께 목숨을 바치겠노라고 울었다.

지나온 사연이 기구했다. 남편이 자신에게 호프집을 하라고 해서 정말 하기 싫었지만 친구와 둘이 운영하게 되었다. 그런데 밤 11시가 넘으면 술에 취한 남편이 어디선가 나타나 그날 번 돈을 몽땅 들고 나가는 일이 반복되었다고 한다. 그래서 그만 살아야지 생각하면 바로 폭력을 휘둘러서 겁이 나 다시 가게 문을 열고 지금껏 살아왔단다.

그러다가 호프집 문을 닫고 이번에는 미용실을 열었다. 그때 변변한 직장이 없던 남편이 집에서 늦도록 자다가 오후만 되면 술 먹고 들어와 행패를 부리는 것이 일상이 되었다고 한다. 지난 추석에는 처가에 들러 온 가족이 아침 식사를 하는데 식탁에 앉자마자 냉수를 가져오라고 소리를 지르더니 밥에다 주르륵 붓고 후르륵 마시고는 문을 확 열고 밖으로 나가버렸단다. 처가 식구들이 보기 싫다는 것이다. 성격 장애를 가진 남편과 어떻게 한평생을 살아야 할까 생각하니 "괜히 교회 나왔네, 괜히 예수 믿었네" 하는 탄식이 절로 나와서 나에게 부탁한다고 했다. '차라리 저 사람만 없으면 얼마나 자유로울까. 훨씬 더 잘 살 수 있을 텐데……' 하는 생각이 매일매일 머릿속에 가득하다는 것이다.

부어오른 눈과 얼굴이 참으로 처량했다. 그래서 남편을 한번 만나도록 해달라고 했는데 몇 달이 지나도록 만날 길이 없었다. 남편이 목사를 왜 만나느냐고 고래고래 소리를 지르며 욕한다는 것이었다.

어느 날 아파트 단지에 있는, 우리 교회 집사님이 전도 본부로 오픈한 정육점에서 우연히 최광현 씨를 만났다. 눈에 독기가 가득했고, 세상을 등진 사람처럼 행색이 초라했다. 괜히 그 모습이 찡했다. 나도 모르게 눈물이 났다. '자기 나름대로 얼마나 인생이 힘들까. 얼마나 외로웠을까. 얼마나 고통스러웠을까' 하는 생각이 들었기 때문이었다.

조용히 다가가 손을 마주 잡았다. "최 선생, 힘들죠?"라고 물었더니, 웬 사람이냐는 듯 째려보았다. 나쁜 사람 아니니 경계하지 마시고 맘 편하게 대화 좀 하자고 했다. 웬 대화냐고 대뜸 말을 잘랐다. 그래도 얼른 옆 가게에서 음료수를 사와서 드리며 사는 게 쉽지 않다고 몇 마디 위로하고 헤어지면서 가게를 나가는 그의 등 뒤에 대고 한마디를 했다. "내가 목사인데요, 언제 조용히 한번 만납시다. 최 선생, 사랑합니다!" 그랬더니 힐끗 돌아본다. 비웃는 얼굴이었다. 그냥 보낼 수가 없어서 다시 말을 걸었다. "최 선생, 당신은 너무 불쌍한 사람입니다. 너무 외로워 보여요. 내가 도와줄게요. 힘내세요"라고 말했다.

한 일주일 지났을까? 장연숙 씨가 나를 찾아왔다. "남편이 목사님을 보고 싶대요"라고 했다. 그렇게 만나서 그를 운전직 직장에 취업을 시켰다. 서너 달 잘 다니는 것 같았다. 그러던 어느 날 회사에서 전화가 왔다. 추운 겨울날이었는데 사람과 트럭이 사라졌다는 것이다. 도대체 어찌 된 일인지 아는 사람이 아무도 없었다. 집에는 분명 출근한다고 나갔는데 도대체 어딜 갔단 말인가. 전화도 받지 않았다.

늦은 밤에 그를 만났다. 아무 말 없이 "최 선생, 트럭은 어디다 두었소?"라고 물었다. 싱겁게 웃더니 합덕 들판에다 버렸다는 것이다. 왜 그랬느냐고 했더니 "더러워서 그렇습니다"라고 했다. 무언가 기분이 상하는 일이 있었던가보다. 이 친구가 한겨울에 트럭을 끌어다가 넓은 들녘 한가운데 버리고 와버린 것이다.

회사에 전화하여 트럭을 찾아가라고 했다. 그리고 그 친구를 껴안고 한바탕 기도를 해줬다. 그렇게 사귐을 시작했는데 최광현 씨가 점점 변화되었다. 새벽 기도회를 나오더니 어린 아들, 딸을 데리고 교회를 오는 것이 아닌가. 조금 시간이 지나더니 기타를 들고 앞에서 찬송을 하는 것이 아닌가. 제자 훈련을 받겠다고 신청하는 것이 아닌가. 놀라운 변화였다. 자기 나름대로 꿈은 있었으나 길이 없어 술과 방탕으로 시간을 그렇게 허송해버린 것이었다.

기막힌 우연으로 하수 종말 처리장에 직원으로 채용되었다. 온 시내의 오폐물을 정화하는 장소였다. 그 직장을 몇 년 동안 충실히 다니며 틈틈이 "목사님, 이게 천직입니다. 하나님이 나를 잘 아시고 이곳에 보내셨네요. 세상 종말 처리장, 인생 종말 처리장에 있으면 공감되는 일이 많습니다. 더러울수록 묘한 행복을 느낍니다"라고 말하는 것이다. 몇 달 견디지 못하고 다들 떠나가는 직장인데 그만은 수년 동안 행복하게 그 직장을 섬겼다.

그토록 가슴을 아프게 했던 사위가 장모님이 폐암으로 마지막 숨을 거둘 때까지 대소변을 받으며 몸져누운 장모님을 끌어안고 지극정성 회개하는 마음으로 섬겼던 것이다. 한숙우 집사님은 당진의 장고항에서 일생 동안 홀로 사시면서 바지락을 캐고 굴을 따며 자녀들을 길러낸 어머니셨다. 그러다가 폐암에 걸려 바짝 마른 몸으로 운명하고 계셨던 것이다. 호주로 떠난 아들, 멀리 있는 큰아들은 한 집사님을 돌봐줄 수 없었다. 그런데 사위가 마지막을 지켜드리고 있었다. 변해 있는 사위의 모습이 얼마나 보기 좋고 감사했는지, 당신이 굴을 따고 바지락을 캐어 모아온 돈을 털어 그에게 유산으로 건네신 것이다.

이 사연을 알기에 목이 메었다. 봉투를 손에 들고 눈물을 줄줄 흘리고 서 있는 최광현 씨. 허겁지겁 미용실에서 달려온 장연숙 성도. 우리 셋은 할 말을 잃은 채 그렇게 숨을 거두는 어머니의 마지막 침대 곁에서 울고 있었다.

찬비가 내리고 있었다. 장고항 비탈길. 바다가 보이는 산언덕 위에 무덤을 팠다. 평생토록 물때를 따라 바구니를 메고 헤매었던 바닷가. 그 언덕 위 속절없이 내리는 빗속에 한숙우 집사님을 눕히고 산자락을 휘감아 노는 비바람을 맞으면서 하염없이 울었다.

"하나님의 위로하심과 영생의 축복하심이 험한 이 세상을 마감한 사랑하는 딸 위에 임하게 하소서."

돌아오는 발걸음이 한편으로는 행복했고 한편으로는 서러웠다.

행복학교와
남성사관학교

 이곳에 와서 어려운 분들을 많이 만났다. 비닐하우스에서는 할부 값을 갚지 못하거나 보험료를 내지 못한 분들, 월세를 제때 내지 못한 분들, 가정 불화로 힘들어하는 분들, 직업이 없는 분들이 교회에 나왔다. 우리 형편이 어려우니 전도해도 어려운 분들을 만나게 되었던 것 같다. 동병상련이라고나 할까, 힘들고 지친 분들을 만나면 그 마음을 알 것 같아서 친근하게 다가갔는데 말이 통하고 마음이 통했는지 따라와주었다.

예배를 드리다보면 낯선 신사복을 입은 분이나 숙녀들이 더러 한 분씩 있었다. 할부 값이나 꾸어준 돈을 받으러 온 사람들이다. 그런데 예배를 마치고 나면 묘한 일이 일어났다. 책값을 받으러 왔다가 본인이 교회에 다니게 되는 것이 아닌가! 기가 막힌 만남이다.

희망은 오직 하나, 예수님

환난과 가난이 삶이 되어버린 분들이 참 많이도 왔다. 어떤 분은 정신 질환에 시달리다가 교회에 와서 고침을 받고 새 인생을 살아가고 있다. 이런 가정의 어린아이들은 마음에 상처가 많아 일반적인 아이들과 말하는 것도 달랐다. 폭력적이거나 우울하거나 도발적인, 상식이 통하지 않는 행동들을 많이 했다.

어느덧 100명이 넘는 주일학교 아이들이 골짜기를 돌아다니며 벼, 배추, 고추 등을 닥치는 대로 망가뜨리고 다니는 게 아닌가! 한번은 길을 가던 아이가 벼 이파리를 막대기로 치고 가는 것을 보았다. 아무 생각 없이 그렇게 했지만, 사실은 자신 안에 있는 분노를 표출한 것이다.

교회가 들어서는 것을 반대하던 주민들 사이에서 난리가 났다. 한 해 농사 망쳤다고 배추를 가져와 예배당 앞에 내던지며 땅을 치고 우는 분도 있었고, 장독이 부서졌다고 고추장 값을 물어내라는 분도 있었다. 애를 잡아내라고 소리를 지르는 분도 있었다. 겨울이면 산에다 불을 질러 한바탕 대소동이 난 적도 있었다. 가난과 고통이 어린아이들의 마음에 상처가 되어 이렇게 세상을 힘들게 하는 것이었다. 그 아이들인들 일부러 그러는 것이 아닐 텐데 누가 누구를 탓하겠는가? 오직 마음이 아플 뿐이었다. 그런 아이들을 끌어안고 목욕을 시키고, 옷도 사 입히고, 용돈도 주면서 성경 공부를 시작했다. 말씀에는 능력이 있고 사람을 온전케 하는 놀라운 생명력이 있었다. 한 아이가 그렇게 변화되어서 이제는 동생들을 가르치겠다고 주일학교 선생님으로 일어서는 모습을 볼 때마다 감동을 받는다. 아이들을 혼내고 때리다가 엄마가 울고, 아이도 울며, 나도 우는 참 슬픈 일들이 많았다.

희망은 오직 하나, 예수님밖에 없었다. 가난해도 예수님, 사고를 쳐도 예수님, 공부를 못해도 예수님, 직장이 없어도 예수님, 병이 들어도 예수님, 이혼을 해도 예수님, 아이가 집을 나가도 예수님, 어떤 일을 만나도 예수님을 찾으며 그 어둠의 골짜기를 지나가고 있었다.

돌아보니 우리들 삶에 깊이 내려앉아 있는 역사는 저주와 어둠의 역사였다. 내가 곧 길이요 진리요 생명이라고 하신 예수님의 빛이 땅에 내려왔다. 이 고통 가운데 있는 어둠의 사람들에게는 빛이 있어야 살아날 수 있다고 확신한다. 어둠은 사람의 노력으로 물러가지 않는다. 그 어떤 몸부림으로도 결코 비켜서지 않는다. 생각해 보라. 한밤중에 길거리에 서서 어둠아 물러가라고 소리를 지른다고 어둠이 물러가겠는가? 몽둥이를 휘두르면 물러가겠는가? 어둠은 빛이 임하면 흔적도 없이 사라지는 것이다. 이것이 곧 인생이라고 생각한다.

빛이 오셨다. 2,000년 전에 이미 이 땅에는 생명이시요, 빛이 되신 예수님이 우리를 찾아오셨다. 누구든지 그를 믿는 자는 멸망치 않고 영생을 얻게 되는 것이다. 어려운 교회를 섬기면서 정말 실감 나게 예수 그리스도의 놀라운 구원의 역사를 경험하고 체험하는 축복을 누리게 되었던 것 같다.

> 하나님이 세상을 이처럼 사랑하사 독생자를 주셨으니 이는 그를 믿는 자마다 멸망하지 않고 영생을 얻게 하려 하심이라 하나님이 그 아들을 세상에 보내신 것은 세상을 심판하려 하심이 아니요 그로 말미암아 세상이 구원을 받게 하려 하심이라 그를 믿는 자는 심판을 받지 아니하는 것이요 믿지 아니하는 자는 하나님의 독생자의 이름을 믿지 아니하므로 벌써 심판을 받은 것이니라 그 정죄는 이것이니 곧 빛이 세상에 왔으되 사람들이 자기 행위가 악하므로 빛보다 어둠을 더 사랑한 것이니라(요 3:16~19)

예수를 믿는다고 말하는 사람 중에 실제로 예수님을 삶 속에 모시고 사는 이를 많이 보지 못했다. 이보다 무서운 속임수가 어디 있겠는가?

> 네가 이같이 미지근하여 뜨겁지도 아니하고 차지도 아니하니 내 입에서 너를 토하여 버리리라 네가 말하기를 나는 부자라 부요하여 부족한 것이 없다 하나 네 곤고한 것과 가련한 것과 가난한 것과 눈먼 것과 벌거벗은 것을 알지 못하는도다(계 3:16~17)

스스로 부요하다고 착각하며 살아가는 우리들의 모습이 아닌가 싶었다.

예수님은 언제나 문밖에 서서 두드리고 계신다. 그런데 우리는 주님을 우리 안에 모셔 들이지 못하고, 끊임없이 예수님을 우리의 문밖에 서성이게 하다가 결국 떠나보내고 어둠 속에 묻혀 사는 것이 아니었던가? 그래서 교회 생활을 시작하는 가족들에게 예수님을 바르게 가르쳐주고 싶었다.

성경학교에서 행복학교로

이따금 외지에서 이사를 오거나 직장 때문에 이곳에 온 분들이 교인으로 등록하는 경우가 있다. 그러나 놀랍게도 예수 그리스도에 대해서 바르게 배우고, 알고 있는 분들을 만나기가 쉽지 않았다. 그때부터 성경을 가르쳐야겠다는 생각이 들었다. 예수님, 하나님, 성령님에 대해 100분 동안 일곱 번씩 세밀하게 강의하기 시작한 것이다. 월요일은 주일 다음 날이라 모든 이에게 부담스러웠다. 그래서 화요일 오전 10시 30분에 주로 주부들을 교회로 초청하여 12시까지 100분 강의를 하고 점심을 대접하면서 서로 교제하는 시간을 갖도록 했다.

성경 말씀을 100분씩 강의하다보니 누구보다도 내 자신이 강한 목회자가 되어갔고, 성경 말씀이 성도들의 삶을 변화시키는 것을 현장에서 보는 기쁨을 누리게 되었다. 한 발 더 나아가서 교회 생활의 전반적인 것을 다루기 시작했다. 예배란 무엇이고 어떻게 준비하여 드려야 하는가, 헌금 생활은 어떻게 하는 것이 바르고 복이 되는 길인가, 전도란 왜 해야 하고 어떻게 하는 것인가, 기도가 무엇인지, 또 가정생활에서 남편의 역할, 아내의 역할, 자녀 교육에 대한 문제들, 특히 인격과 성품에 대한 문제까지 세세하게 지도했다.

때로는 전문적인 지식을 주기 위하여 대학교 교수들을 초청해서 특별 강의를 하기도 했다. 벌써 17년차 이 강의를 지속하고 있는데 매주 250~300명이 수강한다. 처음 강의가 시작되고 몇 년이 지날 무렵 일부 성도들이 '성경학교'라 하지 말고 '행복학교'라는 이름으로 바꾸기를 원했다. 이 강의를 듣고 행복해졌다는 것이다.

잃어버린 삶을 되찾고, 무너진 가정이 살아났다. 가정이 무엇인지, 자녀가 무엇인지, 부부가 무엇인지 모르고 살았던 우리들이 성경 말씀을 통해서 진리를 깨닫고 변화되는 모습을 보면서 자연스럽게 전도의 문이 열렸다. "교회에 가자"고 권하는 전도 방법이 아닌 "내가 이렇게 행복해, 내가 이렇게 좋아졌어, 내가 이렇게 변했잖아, 나 좀 봐. 한번 가보자. 그 강의를 들으면 인생이 달라진단다. 가정이 회복된단다. 자녀들이 살아난단다"라고 전하면서 이웃들을 교회로 인도하게 되었다. 돌아보니 '성경학교'가 '행복학교'가 되고, 그것이 오늘까지 지속되면서 정말 수많은 이들이 교회로 돌아오는 축복을 누리게 되었다.

어떤 남편은 자신이 출근한 뒤에 아내가 친구들을 불러 집에서 온종일 술을 마시기 때문에 근무 중에도 불안해서 몇 번씩 집을 들락거리는 불행한 삶을 살았다고 한다. 그러던 어느 날 짜증과 원망으로 가득했던 아내가 "여보, 그동안 미안했어요. 내가 잘못했어요"라고 말할 때 깜짝 놀랐다고 한다. 무슨 큰 사고가 났구나 싶었단다. 평생 잘못했다는 말을 할 줄 모르던 아내가 갑자기 이렇게 나오니 어마어마한 사고를 저질렀나보다 싶어 덜커덕 가슴이 내려앉았다는 것이다. 그래서 두려운 마음으로 "여보, 무슨 일인지 몰라도 솔직히 말해. 나는 괜찮으니 어서 말해봐"라고 했더니 아내는 빙긋 웃으며 "사실은 나 교회 다녀왔어요. 가서 강의를 들었는데 듣는 동안 죽는 줄 알았어요. 얼마나 창피하고 미안하던지 쥐구멍이라도 들어가고 싶었어요. 집에 와서도 얼마나 후회가 되던지 '잘못 살았구나' 하는 마음이 밀려와 오늘 당신에게 미안하다고 말하고 싶었어요"라고 했다는 것이다.

여성들로만 가득한 화요일 오전에 남편들이 듬성듬성 앉아 있다. 아내들의 변화에 놀라서 '이건 뭐지?' 하는 생각으로 온 것이다. 그러다가 말씀을 들으면서 자신 또한 놀라 '그래, 너무나 모르고 살았구나' 하며 뉘우치게 되고, 그러면서 아내와 함께 주일 예배까지 참석하게 되었다.

〈사도행전〉 2장을 보면 초대교회에서는 성도들이 날마다 교회에 모이기를 힘썼고, 사도들의 가르침을 받았다고 기록되어 있다. 사도들의 가르침을 받아 서로 교제하고 떡을 떼며 기도하기에 힘썼고, 그런 일을 통해서 기사와 표적이 많이 나타났으며, 내 것 네 것을 초월하는 가족 공동체 같은 교회가 세워졌다. 그리고 나누기를 힘써서 그들의 선한 행실을 통해 많은 이들에게 칭송받는 귀한 교회가 되었다. 행복학교를 통해 우리도 어느덧 행복한 초대교회의 모습을 회복하고 있는 것 같아 참으로 기쁘다.

'화요성경학교'를 추억하자니 잊지 못할 사람이 생각난다. 서울에서 일찍 남편을 여의고 홀로 당진에 내려와서 수청리 산 계곡에 작은 컨테이너를 놓고 외롭게 살던 분이었다. 간암을 앓고 있었는데 시한부 인생을 사는 중에 우리를 만나서 신앙생활을 시작하게 되었다. 방송에 원고를 보내 받는 적은 수입으로 하루하루 살던 분이었다. 교회까지 오갈 수 있는 교통수단이 없어 예배 때마다 내가 그분을 모시러 갔는데 점점 약해져가는 모습을 보면서 인생에 대해 많이 생각했다.

그러던 어느 날 이분이 사각 '007' 가방을 들고 길에 서 있는 것을 보았다. 이게 무엇이냐고 물으니 "목사님, 상 받았어요" 하면서 "목사님 얼굴이 떠올라 이 가방을 사왔어요. 제가 죽고 없더라도 이 가방 들고 심방 다니세요"라고 하는 것이 아닌가! 참 마음이 아팠다. 또 어느 날은 노란 손목시계를 내밀었다. "이건 뭡니까?"라고 물었더니 방송에 원고를 보내서 상을 받았는데 그 값으로 시계를 사왔다는 것이다. 그랬던 분이 지금은 이 세상에 없고 시계도 멈춰 책상 서랍에 보관하고 있다.

죽음이 다가올 무렵 점점 복수가 차오르고 호흡이 힘들자 컨테이너 안에 외롭게 누워서 나를 부르곤 했다. 내가 불러주는 찬송이 듣고 싶다고 해 부르면 눈물을 흘리며 들었다. 이 세상 어디에서도 그녀를 붙잡아줄 수 없었는데 3년여 동안 '행복학교'에 나와서 말씀을 들으며 잃어버렸던 자신을 발견했고, 영생 구원을 확신했으며, 예수 그리스도로 말미암아 소망과 기쁨을 되찾았다. 언젠가 천국에 가면 다시 만날 거라고 생각하지만, 아름다운 추억이 담긴 수청리 골짜기가 지금은 버스 터미널이 되어서 이전의 모습은 간곳없다. 사람도 가고 세상도 변했다. 그러나 우리 예수님은 영원하시다.

남성사관학교

나이가 들어 결혼했는데 남편이 어떤 위치인지 아버지가 어떤 자리인지 알지 못하는 남자들이 많다. 직장을 다니고 월급을 가져다가 가족과 생활하지만 막연한 남편, 막연한 가장, 막연한 아버지로 그렇게 나이가 드는 것이 아닌가 싶었다. 어려움을 호소하는 가정을 보면 남편 때문에 아내가 고통스러워하는 경우가 많다. 그런 아내들이 행복학교를 통해 강의를 듣고 극구 남편들을 위한 강의도 해 달라고 하여 일 년에 두 번 봄, 가을로 남성사관학교를 열게 되었다.

아버지란 어떤 존재인지, 아버지는 어떤 역할을 해야 하는지, 남편은 어떤 자리인지, 또 직장에서는 어떻게 생활해야 하는지 이웃과 사회인으로서의 자기 정체성을 가르치면서 이들의 삶을 변화시키는 데 초점을 두었다. 하나님과 예수님, 성령, 기도, 예배, 인격 등을 주제로 월요일 밤 8시부터 9시30분까지 강의했다. 강의가 끝나면 아내들이 정성껏 준비한 간식을 나누면서 낯선 이웃들과 사귀는 시간을 가졌다. 이후로는 서로 친구 관계가 되고 형, 동생 관계가 되도록 유도해주었다. 그래서 3개월 동안 강의를 마치고 나면 오래된 친구처럼 친숙한 이웃들이 되어 여러 동아리들도 만들어졌다. 축구, 탁구, 볼링, 등산, 바다낚시 등 다양한 동아리가 생겼고, 그들의 활동이 자연스럽게 신앙생활로 이어지는 역사가 일어났다. 직장에서 돌아오면 권위적이고 말도 없었던 남편들이 아내를 보살필 줄 알고 자녀들을 챙길 줄 아는 자상한 아버지로 변화되었다.

일찍이 〈창세기〉 2장을 보면 남성은 강한 자요, 여성은 약한 자라고 했다. 히브리 원어에서 찾아볼 수 있는 내용이다. 그러므로 남성은 담대함과 대장부다운 신실함을 통해서 멋을 내고, 여성은 연약한 자로 그 남성의 보호를 받아 행복해지는 것이 가정의 참 모습이라고 생각한다. 하나님은 에덴동산에 첫 사람 아담을 두셨다. 에덴이란 기쁨이 있는 곳이라는 의미다. 아담이 홀로 동산에 있으니 그 모습이 하나님 보시기에 좋지 않으셨다. 그리하여 하나님께서는 아담을 돕는 가장 알맞은 도우미, 가장 적절한 조력자인 아내를 지어주신 것이다.

아내는 아담의 갈비뼈를 통해서 창조되었다. 갈비뼈의 의미가 무엇인가? 사람의 인체 중 심장과 간은 평생 쉼 없이 일한다고 한다. 생명과 직결되는 활동을 하기에 그렇다. 그래서 그 소중한 장기를 갈비뼈가 품고 있다. 아내는 생명을 나눈 한 몸이다. 그러므로 아내를 연약한 자로 알고 보호할 줄 아는 남자가 진정한 남자다. 아내를 긍휼히 여기고 보호할 줄 모르는 남자가 어찌 남자라고 할 수 있겠는가?

그래서 나는 '남성사관학교'를 통해 아버지로서의 남자를 가르쳤다. 축복의 권세가 아버지에게 있으며 자녀를 바르게 가르쳐야 할 의무와 사명이 아버지에게 있는데, 대다수 아버지들은 자녀 교육은 아내가 맡아서 학원이나 잘 보내면 되는 줄 알고, 이따금 학교 점수나 확인하고 호통이나 치면 되는 줄 알고 있다. 그러니 어떻게 좋은 인격체가 이 세상에 나올 수 있겠는가?

온 세상의 재앙은 무너진 인격에서 시작되고 있다. 높은 자리에 올라갔다가 하루아침에 무너지는 사람들은 그들에게 지식이 없어서 그런 것이 아니다. 올바른 인격을 갖추지 못해 부정하고 부패하여 사람들에게 욕을 먹다가 스스로 무너지는 것이다. 참 인격은 아버지의 뒷모습을 보면서 배우는 것이라고 믿는다. 그래서 난 '아버지는 자녀의 모델'이라고 가르친다. 무한한 책임을 가지고 있는 아버지가 정신을 차리면 그 집안의 아이는 좋은 사람이 될 수 있다고 믿기 때문에 그리 가르치는 것이다.

이미 자녀가 중학교에 들어가면서 대화가 끊겨버린 가정이 '남성사관학교'를 통해 회복되고 살아나는 경우를 많이 보게 된다. 그래서 '남성사관학교'를 기다리는 남성들이 많이 생겼다.

남성사관학교를 통해 교회에 등록한 아버지들이 참 많다. 그분들이 두란노 아버지학교에서 한 단계 더 높은 훈련을 받고 직장에서 좋은 남성의 역할들을 감당하는 모습이 참으로 보기에 아름답다. 이따금 평일에도 교회에 달려와 할 일이 없는지 두리번거리다가 정원을 가꾸거나 밭에 가 농작물을 가꾸고 교회 청소를 돕는다. 또 주일에는 땀을 뻘뻘 흘리면서 식당에서 음식들을 나르고 설거지를 도우며 청소하는 그들의 모습은 마치 천국과 같다. 역시 남성이 살면 세상이 좋아지고, 나라가 건강해진다.

소유 개념을 초월한 만남

공동체라는 것은 결국 〈사도행전〉 2장에서
그려지는 소유 개념을 초월한 만남이다. 예수 그리스도 안에서 내
것, 네 것이 없어진 개념이다. 소유 개념의 벽이 무너지니 정말 행복
했다. 공동체에는 능력이 있다. 공동체는 나 혼자 살 수 없는 세상에
서 함께함으로써 나로 하여금 이길 수 있는 힘을 갖게 한다.

스스로 착한 일을 시작했던 분

중풍 때문에 온전히 몸을 움직일 수 없는 장상호 씨가 있었다. 그분
은 속초에서 개발 붐을 기대하며 당진으로 와서 아파트 단지 내에
있는 슈퍼마켓을 분양받았다. 지하에서 가게를 운영했는데, 불행하

게도 1층 입구에 또 다른 슈퍼마켓이 생겼다. 이런 상황 속에서 마음고생을 하다가 병이 생기고 만 것이다.

몸에 병이 생기자 그나마도 어려웠던 슈퍼마켓 운영은 더 어려워지게 되었다. 거의 폐업 상황이 되고 만 것이다. 원래 우상을 섬기던 분이셨는데 복음을 듣고 나더니 큰 결단을 했다. 한번 교회를 나오시더니 이후로는 매 주일 예배에 참석했다. 게다가 부자유스런 몸으로 승합차를 몰고 와서 교회의 성도들을 섬기는 것이 아닌가! 누가 시킨 일도 아닌데 스스로 착한 일을 하기 시작했다.

마침 어린이집에 차량이 없어서 아이들을 효과적으로 등·하원시키는 일이 매우 어려웠다. 그런데 그 상황을 보더니 본인이 자원하여 아이들의 등·하원을 맡아주겠다고 했다. 가게 운영도 어려운데 교회를 섬기겠다고 하니 여간 미안한 게 아니었다. 그래서 여러 번 만류했지만 아침 일찍 달려와서 아이들을 태웠다.

그러던 어느 날 해가 저물어가는 오후였다. 원당 삼거리에서 급한 전화가 걸려왔다. 달려가보니 바닷가에서 공사하던 대형 트럭이 달려와서 자동차를 밀어버린 것이다. 차량은 상당히 망가져 있었고 장상호 성도는 안절부절못하며 속상해했다. 참 보기에 안타깝고 마음이 너무나 아픈 상황이었다. 다행히 아이들이 타고 있지 않아서 차량만 파손되었지만 충격이 컸던 것 같았다.

며칠 뒤 가정 심방을 부탁받았다. 순성면 봉소리에 있는 슈퍼마켓으로 달려갔는데 지하 방에 누운 채 매우 힘들어했다. 어두컴컴한 방에 들어가 예배를 드리게 되었다. 예배를 드리고 나자 갑자기 벌떡 일어나더니 "목사님, 이 장롱에 있는 신줏단지 좀 어떻게 해주세요. 저것이 우리 가문에 13대째 내려오는 신줏단지입니다"라고 했다. 나 역시도 이렇게 오래된 신줏단지는 난생처음 보았다. 나무 상자로 짜여 있어 보기에도 뭔가 으스스한 그런 모양이었다. 곁에 있던 집사에게 의자에 올라가서 좀 내려달라고 했더니 무서워하며 "저는 못하겠습니다. 무섭습니다" 하고는 후다닥 방을 튀어 나갔다. '그렇구나. 예수를 믿어도 귀신은 무서운 것이구나' 싶었다.

신줏단지를 끌어내렸다. 케케묵은 궤를 열어보니 노란색, 빨간색, 곤색 등 인조 베로 엮은 것에 알 수 없는 이름이 수없이 새겨져 있었다. 아마 장 씨 가문의 조상들 이름 같았다. 생년월시가 기록되어 있었다. 얼마나 오래되었는지 색깔도 모두 달랐고, 궤 속에서 풍겨져 나오는 냄새가 정말 기괴했다. 궤를 안고 나와 아파트 뒤꼍으로 갔다. 제법 많은 사람들이 해 질 녘에 나와 있었는데 궤에 불을 붙였다. 이상한 노린내와 함께 형형색색의 불꽃을 내면서 한 시간 정도 타올랐다. 사람들이 하나같이 이것이 무엇이냐고 물어서 신줏단지를 불사르고 있는 것이라고 했더니 부정 탄다고 달아났다. 사람이란 신의 존재를 믿지 않는다고 말하면서도 매우 영적인 동물이라서 이러한 일들을 보고 겁을 내는 모습이 얼마나 우스웠는지 모른다.

불로 다 태운 뒤에 다시 지하실로 내려가 찬송을 부르며 예배를 드리기 시작했는데 작은 방에서 누군지 알 수 없는 남성의 목소리가 들려왔다. 당장 나가라는 것이었다. 누구냐고 물었더니 큰아들이라고 했다. 큰아들이면 나와서 같이 예배할 일이지 왜 방에서 소리를 지르느냐고 물었더니 저 아들은 예수 믿는 것을 싫어하기 때문에 저렇게 방에서 소리를 지른다고 했다.

예배를 마치고 아들이 있는 방으로 들어갔다. 젊은이가 방에 있었다. "여보게, 자네 좀 나오게"라고 말했더니 왜 나기느냐고 버티었다. 손을 뻗쳐 끌어내듯이 밖으로 데리고 나왔다. 그리고 "당신이 무슨 배짱으로 그렇게 방에 앉아서 소리를 지르는지 모르겠지만 예수님은 살아 계시고 하나님은 전능하시니 반항하면 정말 힘든 일을 당할 수 있다"라고 겁박했다. 내가 정면으로 나서니 대항하던 청년이 어인 일인지 조용해졌다. 그날 그렇게 돌아온 후 장상호 씨는 점점 몸이 쇠약해졌고 얼마 가지 않아 세상을 떠났다.

앞을 볼 수 없이 비가 내리고 있었다. 어느 곳에 장사를 모셔야할지 길이 없었다. 그 가정에는 돈이 없었고, 오늘날처럼 장례식장을 통해 모실 수 있는 상황도 아니었다. 마을 이장님을 찾아가 도와달라고 말씀드렸더니 이 동네 사람도 아닌데 어디에 땅이 있어서 장사를 모시겠느냐며 난감해했다. 재차 사정하니 마을 사람들이 산소를 모셨던 산자락을 가리켜주었다. 자신은 모르겠으니 저 산 어느 곳에 적당히 모시려면 그리하라는 것이었다.

몇몇 성도들과 함께 장대비 속에 상여를 메고 미끄러지는 산길을 굽이굽이 돌아 올라가 장상호 성도를 안장하게 되었다. 소나무가 울창한 곳 옆에 작은 묘를 만들었는데 워낙 비가 많이 와서 봉분을 만들면 순식간에 무너져 내리는 어려운 장례식이었다. 겨우겨우 잔디를 심고 돌아서 내려오는데 분토만도 못한 허무한 인생길, 일생 동안 몸부림하고 험악한 세월 살다가 한 줌 흙으로 돌아가는 인생의 허무함이 뼈저리게 느껴졌다.

귀한 사람을 얻다

장례식을 치른 뒤 고인의 가족과 꽤 가까워졌다. 이제 아들을 전도해야 할 차례다. 그런데 어인 일인지 큰 저항 없이 내가 하는 말을 들으려는 게 아닌가? 그래서 청년에게 예수 믿자고 간곡하게 청하니 아무 말 없이 알았다고 했다.

젊은 청년이 직업도 없이 홀어머니와 지하 방에서 거처하는 게 힘들어 보여 청년에게 한 가지 제안했다. "어이, 청년. 집에 그렇게 있지 말고 우리 집에 와서 나하고 같이 사는 게 어떻겠나?" 청년은 어떤 생각으로 그랬는지는 모르지만 순순히 그렇게 하겠노라고 대답하고 이내 우리 집으로 들어와서 함께 생활하게 되었다. 이렇게 해서 6년 6개월 동안 함께 살 줄은 아무도 몰랐다.

한 상에서 밥을 먹고 시간만 나면 성경을 읽히며 기도를 가르쳤다. 본성이 착했던 청년이라 그랬는지 무슨 말을 하든지 큰 거부감

없이 "예"라고 하면서 따라하는 것이 참으로 기특했다. 몇 달이 지난 뒤 대형 운전 면허증을 따는 것이 좋겠다 싶어서 운전 학원에 보내고 밤이면 제자 훈련을 시키기 시작했다. 틈틈이 시간이 나면 함께 금식을 하면서 산에 올라가 산 기도도 했다. 처음 하게 된 신앙생활이 무엇인지 전혀 모르기 때문에 그랬는지 하자는 대로 순종하는 청년이었다. 잘 따라 하기 때문에 뭔지 하나라도 더 가르쳐주고 싶어서 내 나름대로 열심을 다하여 가르쳤다.

정년은 한 해가 지나면시 자연스럽게 교회 버스를 운행하게 되었고, 이런저런 자질구레한 교회 내의 일을 척척 해내기 시작했다. 기계 다루는 솜씨가 없어 자전거도 제대로 타지 못하던 청년이 어느덧 대형 버스를 운전하고 교회의 중심 인물로 성장하고 있었다.

눈이 오는 밤이면, 새벽에 찾아오는 성도들이 비좁은 논길에서 사고가 날까 싶어 새벽 기도회 전까지 2킬로미터 거리를 눈을 쓸어내던 시절이다. 1시가 되었든 2시가 되었든 눈이 내리면 내가 "어이, 경문 씨. 눈이 오네" 하고 나가서 눈을 쓸면 그는 천진스러운 미소를 지으면서 빗자루를 들고 금세 달려와 같이 눈을 치웠다. 궂은 일을 마다하지 않고 온 힘을 다하여 섬기는 청년이 참 아름다웠다. 요즘 세상에 이런 순박한 청년이 어디 있을까 생각하니 참 귀한 사람이라고 생각하지 않을 수가 없었다.

사택에 들어와 나와 함께 생활한 지 6년이 조금 지난 어느 날 아침, 식사를 하는 중에 내 맘속으로 이제 이 친구를 세상으로 보낼 때가 되었다는 생각이 들었다. 그래서 "자네, 오늘 부로 교회에 있는 모든 사역을 그만두고 쉬기 바라네"라고 말했다. 당혹스러워하는 그의 얼굴을 보면서 "그동안 하나님 앞에 충분히 봉사했고 헌신했네. 이제는 세상에 나가 하나님의 사람으로 멋진 인생길을 펼쳤으면 좋겠네"라고 했더니 "제가 어디에 가서 무엇을 한단 말입니까? 혹시 섭섭한 일이 있으시면 용서해주세요"라고 하는 것이 아닌가? 아마 자신이 잘못한 게 있어서 내가 징계를 내리는 것으로 착각했던 모양이다. 그는 그림자처럼 내 곁에서 가르침을 받았고 힘을 다하여 헌신한 청년이다. 밖으로 내보내기에는 나 역시 섭섭했지만 일정한 급여도 주지 못하면서 붙잡아두는 것은 죄악된 일이 아니겠는가? 이만하면 세상 어느 곳에 내어놓아도 허튼 짓을 할 사람은 아니라는 확신이 섰기 때문에 출가시키려고 했던 것이다.

그는 말없이 자기 방으로 들어갔다. 나 역시도 허탈하여 서재에 올라갔으나 아무 일도 손에 잡히지 않았다. 점심때쯤 되었을까 H공사에 다니는 이 집사에게 전화가 걸려왔다. "목사님, 죄송합니다. 이런 부탁을 드려도 될지 한참 걱정하다가 그냥 전화했으니 오해 없이 들어주시면 고맙겠습니다"라면서 주저주저하고 있었다. 무슨 내용이냐고 물었더니 "죄송하지만 교회에서 봉사하는 장경문 형제를 우리 회사로 보내주시면 안 되겠습니까?"라고 하는 것이다. 오늘 갑자기 한 직원이 예고도 없이 사직했다는 것이다. 이 업무를 누군가가 맡아주지 않으면 문제가 생기기 때문에 오늘 당장 출근할 사람이 필요했는데 고민하던 중에 청년이 떠올라서 전화한다는 것이었다. 그래서 이 집사에게 장경문 형제를 아느냐고 물었더니 그동안 교회를 섬기는 모습을 먼발치에서 바라보면서 참으로 순박하고 성실한 모습에 감동을 받았다며 목사님께서 허락해주시면 정말 좋겠노라고 하는 것이었다.

내일 오전까지 연락을 준다고 하고서 청년을 불렀다. 이유는 묻지 말고 내일 아침에 H공사로 가면 일이 있을 터이니 충성스럽게 섬기라고 말했다. 그랬더니 청년이 하는 말이 언제 그렇게 일을 맞추어두었느냐고 놀라는 것이 아닌가? 그런 게 아니라 아침에 우연히 청년의 얼굴을 보는 순간 이제 그만 내보내야 될 때가 되었다고 생각했고, 붙잡아두고 싶었지만 그 말을 할 수밖에 없었노라고 했다. 그에게 밖에 나가면 세상에 할 일이 많아서 주님과 멀어질 수밖에 없을 터인데 지금보다 더 진실하게 주님을 따를 수 있겠느냐고 물었다. 그는 염려하지 말라고 자신은 평생 변함없이 주님을 따를 것이라고 결기 있게 대답하는 것이 아닌가!

참 감사했다. 수년 동안 주어진 일을 최선을 다하여 섬겨온 그를 우리 하나님이 기억하신 것이다. 어떻게 아침 식사 중에 그러한 생각을 하게 하시고, 그런 결단을 하게 하시며, 또 회사에서 한 직원을 그만두게 하신 뒤 이 청년을 그곳으로 불러내셨단 말인가! 항상 어떤 일이 진행될 때에는 왜 이런 일이 있을까 의아하고 궁금했지만 결과를 보면 하나님께서 그리하셨다는 것을 깨닫게 된다. 살아 계신 하나님은 길이 없는 청년을 만나게 하셔서 길을 열어주시는 분이시다.

그는 부친이 세상을 떠날 무렵, 부친의 사업 실패 때문에 6천만 원이 넘는 큰 빚을 가지고 있었다. 그리고 어머니는 이내 재혼하여 그를 도울 수가 없게 되었고, 그 역시 노조 활동을 하다가 그만둔 경력 때문에 취업도 할 수 없는 상황이었다.

6년 반이라는 시간 동안 교회 목사 사택에 들어와서 얼마나 힘들게 보냈겠는가! 밤이나 낮이나 자유로움 없이 목사가 하자는 대로 따라주었고, 헌신하며 봉사한 그의 마음을 돌아보니 참 안쓰러운 사람인데 내가 어떻게 그를 도울 수 있었겠는가! 때가 되니 하나님께서 그를 기억하시고 그와 같이 선한 일로 인도하신 것이 아니겠는가! 이 모든 일을 여호와께서 지키시며 인도하셨다고 믿는다.

내가 산을 향하여 눈을 들리라 나의 도움이 어디서 올까 나의 도움은 천지를 지으신 여호와에게서로다 여호와께서 너를 실족하지 아니하게 하시며 너를 지키시는 이가 졸지 아니하시리로다 이스라엘을 지키시는 이는 졸지도 아니하시고 주무시지도 아니하시리로다 여호와는 너를 지키시는 이시라 여호와께서 네 오른쪽에서 네 그늘이 되시나니 낮의 해가 너를 상하게 하지 아니하며 밤의 달도 너를 해치지 아니하리로다 여호와께서 너를 지켜 모든 환난을 면하게 하시며 또 네 영혼을 지키시리로다 여호와께서 너의 출입을 지금부터 영원까지 지키시리로다(시 121:1~8)

노총각 장가보내기

시간이 흐르면서 내게는 큰 걱정거리가 생겼다. 청년의 나이가 벌써 30대 중반을 넘어선 것이다. 저러다 40세를 넘겨 장가도 들지 못하고 늙는 게 아닌가 하는 걱정이 생겼다. 말도 못하고 속으로 새벽기도회 시간마다 기도를 시작했다. 하나님께서 예비하신 배우자를 보내달라는 기도를 혼자 하고 있었던 것이다.

그러던 어느 날 부산에서 목사님 한 분이 찾아왔다. 웬일이시냐고 여쭈었더니 교회를 보수하다가 용접 불꽃이 떨어져 교회가 홀랑 타버렸다고 하면서 방법이 없어서 여기까지 찾아왔으니 좀 도와달라는 것이었다. 온 집을 다 뒤졌더니 60만 원이 나왔다. 그 돈을 건네면서 "목사님, 제게 큰 걱정이 하나 있는데 저 좀 도와주시죠"라고 했다. 뭐냐고 물으셨다. "저 앞에 있는 청년이 지금 서른여섯 살입니다. 이대로 늙힐 수가 없으니 지금 전국을 다니는 길이라 하셨는데 어디 가서 시집 못 간 처녀가 있으면 제게 연결 좀 시켜주세요"라고 부탁했다. 그랬더니 손바닥을 탁 치시면서 "아이, 목사님. 정말 좋은 장로님이 계신데 딸들을 시집보내지 못해서 저에게 부탁하신 분입니다"라고 했다. 마산에서 한 20킬로미터 떨어진 교회의 장로라는 것이다. 그래서 "목사님, 지금 전화 한번 넣어보세요. 그 장로님이 딸을 이리로 시집보낼 마음이 있는지 한번 다리를 놓아주기 바랍니다"라고 다시 부탁했다. 목사님은 바로 전화를 걸었다. 그러면서 하는 말씀이 딸이 둘 있는데 큰딸은 서른일곱 살이고, 동생은 서른셋이라고 했다. 둘째 딸은 중학교 영어 선생님이니 연결해서 추진하자고 했다.

그렇게 목사님은 떠났고 나는 기도에 들어갔다. 청년에게도 진심을 다하여 하나님께 기도하라고 당부했다. 몇 날이 지난 뒤 김천석 장로님에게 전화를 드렸다. "장로님, 제 생각에는 두 딸 중에 큰딸을 중매했으면 좋겠는데 괜찮으시겠습니까?"라고 여쭈었더니 장로님께서 "감사합니다"라고 하시는 게 아닌가? 사실 장경문 청년은 고등학교밖에 나오지 않았다. 그러나 큰딸은 음악대학을 나오고 간호대학을 나온 뒤에 자원봉사를 하고 있다고 했다. 학력부터 조건이 맞지 않아 걱정되었다. 그러나 하나님께서 은혜를 주시면 이런 조건들이 무슨 장애가 되랴 하는 생각이 들어서 중매를 강행했다.

마침 삼천포에서 집회 요청이 들어왔다. 지도를 펴보니 집회를 다녀오는 길에 장로님 댁에 들리는 것이 그다지 멀지 않다는 것을 알 수 있었다. "집회를 마치고 내가 마산에 갈 테니 마산으로 마중 좀 나와주세요"라고 자매에게 부탁했다. 그러고는 마산의 약속 장소에 가지 아니하고 장로님 댁이 있는 어촌 마을로 그냥 달려갔다. 운전을 하면서 문득 이런 생각이 들었다. 하나님께서 정하신 짝이라면 이 자매가 이런 일로 시험 들지 아니하고 순적하게 응할 것이라는 일종의 시험을 하고 싶었다.

시골 마을 어귀에 있는 주유소에 멈춰 서서 자매에게 전화를 걸었다. "자매님, 미안해요. 마산의 약속 장소에 나가지 못하고 제가 직접 시골 마을에 있는 주유소에 와 있습니다"라고 말하자 두말하지 않고 "아, 그러세요? 제가 그리로 갈게요"라고 했다. 뭔가 분위기가 썩 좋은 것을 느꼈다. 한 30분 기다리자 자매가 이내 주유소 마당으로 달려왔다. 붉은색 자동차를 타고 차에서 내리는 자매를 보니 사람이 참으로 신실하고 아름다워 보였다. "집으로 안내해주세요" 하고 따라가니 장로님께서는 바다에서 직접 잡아온 것이라면서 푸짐한 생선회를 차려주셨다. 정말 맛있는 횟감이었다. 말씀하시기를 "여기는 바다 물길이 좋아서 남해에서 제일 맛 좋은 횟감이 나오는 곳입니다"라고 하셨다.

회 맛이야 어쨌든 결혼을 성사시켰다는 생각에 한참 회를 먹다가 "장로님!" 하고 불렀다. "예" 하고 대답하시는데 참 순진해 보이셨다. 장로님을 향해 미안한 마음으로 "목사가 부탁을 드리면 장로님은 '아멘' 하시는 것이 맞지요?"라고 했더니 "그래야지요" 하신다. "그러면 저를 믿고 따님을 맡겨주십시오"라고 했더니 머뭇거리신다. "장로님, '아멘' 하셔야죠!"라고 했더니 얼결에 장로님께서 "'아멘'입니다" 하시는 것이다. 그렇게 일을 마무리하고 집으로 돌아오면서 장로님께 "조만간 진주쯤에서 두 사람이 맞선 보도록 하고, 양가 부모님 상견례도 동시에 하고, 바로 결혼식 날을 잡도록 하자"고 부탁을 드렸다.

그날이 되어 장경문 청년을 데리고 진주로 향했다. 은근히 걱정이 되었다. 이것저것 들춰보았자 자랑거리가 하나도 없는데 맞선 본다고 마주 앉아서 그가 헛소리라도 하면 물거품이 될까 싶어서였다. 그래서 "어이, 경문이. 자네 내 말 잘 새겨듣게. 식사를 한 후에 두 사람이 대화하도록 시간을 줄 터인데 10분 이상 줄 수가 없네. 내가 너무 바빠서 그러하니 그냥 인사나 하고 무엇을 물으면 난 잘 모르니 목사님께 여쭤보라고 내 핑계 대고 후다닥 돌아오시게. 자네가 어영부영 긴 말하면 일이 허사가 될 수 있으니 명심하게"라고 신신당부를 했다.

점심 식사를 했다. 남강이 내려다보이는 참 아름다운 한옥 식당에 앉아서 식사를 하니 분위기가 그럴듯했다. 장로님 부부, 우리 부부, 자매가 나와서 함께했다. 저편에서는 끊임없이 신랑감을 살피고 무언가 말을 걸었는데 말재주가 없는 경문이를 그냥 둘 수 없어서 대답은 번번이 내가 했다. 대답을 하면서도 참 미안하고 조마조마했는데 어찌하겠는가?

점심 식사를 마친 뒤 "장로님, 두 사람 좀 내보내서 잠깐이라도 이야기할 시간을 주어야 하지 않겠습니까?" 했더니 "당연하죠" 하신다. 경문이 옆구리를 찌르며 빨리 다녀오라고 내보냈다. 두 사람이 저쪽으로 방죽 길을 걸어가는데 내가 채 5분도 되지 않아 일어나면서 불현듯 "장로님, 급한 일이 있어서 올라가봐야겠습니다. 결혼식은 앞으로 15일 후에 올리도록 하지요"라고 했다. 장로님이 당황한 얼굴로 나를 바라보며 말씀을 하지 못하셨다. 어찌하든 결혼식을 올려야겠다는 생각이 들어서 "그리 아시고 아무것도 준비하지 마십시오. 결혼식장은 당진동일교회이고 주례는 제가 할 터이니 가족들만 다녀가도록 해주시기 바랍니다. 괜찮겠습니까?" 하니 장로님이 얼떨결에 "예" 하셨다.

청년을 불러 올라가자고 했다. 두 사람이 몇 마디 대화도 하기 전이라 어리둥절했을 터인데, 차를 움직이기 시작하니 청년이 허둥지둥 달려왔다. "그대로 진행하겠습니다. 감사합니다. 평안히 가세요"라고 하고 급히 인사한 뒤 그대로 내달렸다.

날짜를 잡았고 결혼식은 일사천리로 진행되었다. 신부 댁에서는 마치 무엇에 홀린 듯 경황없이 2주 만에 결혼식을 치렀을 것이다. 나는 부랴부랴 전세방을 하나 얻어서 냉장고, TV, 침대만 사들였다. 결혼식 사흘 전 신부와 어머님이 올라오셨다. 살림 장만할 생각은 마시고, 몸만 보내시라고 거듭 당부하면서 결혼식은 이곳에서 알아서 할 테니 그냥 오시라는 부탁을 드렸다. 그렇게 결혼식을 하게 되었다.

장경문 형제는 그 후 딸과 아들을 낳고 대학교를 졸업했다. 지금까지 H공사에서 충실한 일꾼으로 섬길 뿐만 아니라 교회에서는 장로가 되어 충성하고 아내는 피택 권사가 되었다. 부부가 섬기는 모습이 참으로 아름다워 온 교회의 칭찬을 받는 것을 보면서 항상 마음속 깊이 감사하다.

동산을 사라

해가 뉘엿뉘엿하는 오후 4~5시가 되면 1톤 화물 트럭을 몰고 임 씨가 교회 마당으로 들이닥쳤다. 다짜고짜 허리춤에 손을 걸치고 소리를 지르면서 교회 앞에 있는 동산을 살 것이냐 말 것이냐 따져 물었다. 당장 사지 않으면 교회 들어오는 길목을 파버리겠다고 협박을 하는 것이었다. 어리둥절했다. 이게 무슨 일인가? 다른 곳에 팔면 되지 왜 내게 와서 저렇게 화를 낸단 말인가? 달려 나가 "아저씨, 제게는 돈이 없으니 이런 큰 산을 사라고 말씀하셔봤자 소용이 없습니다. 다시는 그런 말씀 마시고 다른 곳에 산을 파시기 바랍니다"라고 사정을 해서 돌려보냈다.

한번 시작된 이 일은 주기적으로 한 달에 두세 번씩 일어났다. 참으로 고통스럽고 괴로웠다. 어느 날에는 정말로 교회 들어오는 입구를 굴삭기로 파버리기도 했다. 꼼짝없이 입구가 막혔는데 알아보니 입구 약 5미터가 임야에 속한 부동산이었던 것이다. 이 약점을 이용하여 임 씨는 교회에서 반드시 사야 할 땅이니 당장 사라고 협박과 공갈을 일삼고 있었던 것이다.

참으로 답답한 일이었다. 어디를 봐도 돈 한 푼 끌어낼 수 없는 가난한 개척 교회였기 때문이다. 막상 길을 절단하고 나니 정말 답답한 것은 우리였다. 길 없이 사는 것이 얼마나 힘든지 그 고통을 말로 다할 수 없었다. 하는 수 없이 길을 다시 메우고 통행하게 되었는데 그의 성화와 분노는 점점 도를 넘어가고 있었다. 이제는 아예 술에 취해 인사불성이 되어 앞뒤 가리지 않고 고함을 치며 소란을 피우는 것이었다.

결국 청년 일곱 명을 모아놓고 제자 훈련하던 가운데 이 문제를 끄집어냈다. "여러분, 몇 달째 이러한 일이 일어나고 있습니다. 내 생각엔 저 산을 사지 않고는 우리가 이곳에서 교회를 세워갈 수 없을 것 같은데 어떻게 하면 좋겠습니까?"라고 운을 떼었다. 그러자 가난한 청년들은 아무 말도 하지 못하고 잠잠히 듣기만 했다. 공연히 어려운 얘기를 꺼내서 믿음이 약한 청년들에게 시험거리만 던져주었나 하는 후회가 들었다.

그날 밤 한숨도 자지 못했다. 엎치락뒤치락하다가 예배당에 나가서 간구했다. 두 달이 되도록 밤마다 하나님 앞에 엎드려 동산 때문에 기도하기를 쉬지 않았다.

어느 날 밤에 청년 중 하나가 "목사님, 며칠간 부산 좀 다녀오겠습니다"라고 했다. 그래서 무슨 일이냐고 물으니 다녀와서 말씀드릴 테니 허락해달라고 했다. 그렇게 하라고 답하고 시간이 흘렀는데 며칠 후 이 청년이 500만 원을 들고 온 것이다. 당시 그 젊은이는 신혼 초였는데 다니던 직장이 부도가 나 직업도 없이 매일 성경 공부만 하면서 답답한 나날을 보내고 있었다. 그러기에 그가 가지고 온 500만 원은 평범한 돈이 아니라는 것을 직감했다. 도대체 이 돈을 어떻게 마련해온 것이냐고 물었더니 부끄럽지만 부산에 내려가서 대학 동창을 만났다는 것이다.

가장 친한 친구인 너와 내가 일생 동안 술을 마신다면 얼마만큼 마시겠느냐, 그 술값은 얼마가 될 것 같으냐 물으니 아마 수백만 원은 될 것 같다고 하더란다. 그래서 "친구야, 내가 어느 날 꿈에도 생각지 않던 교회를 나가게 되어서 술을 끊게 되었고 직장은 없지만 이제는 그 교회 때문에 새 인생을 살고 있단다. 그러니 내게 술 사주는 셈 치고 미리 500만 원을 주면 좋겠다. 이 돈은 남자로서 좋아하는 목사님에 대한 의리요, 나를 이렇게 변화시켜주신 하나님에 대한 마음을 담은 것이라고 생각하여 드리고 싶은 것이니, 네가 나를 진정한 친구라고 생각하면 500만 원만 달라"고 했다는 것이다. 그랬더니 그 친구가 하룻밤이 지난 다음 날 불러 500만 원을 챙겨 건네더란다. 그렇게 하여 동산 1,500평을 1억 5,000만 원에 매입해야 했는데 그중에 500만 원이 준비되었다.

그 일이 있은 후 청년들이 사택으로 몰려왔다. 서로서로 얼굴을 보며 꿈을 꾸었다. "우리가 가진 것은 없지만 믿음을 가지고 있지 않느냐. 앞으로 무슨 일을 하게 될지 아무도 알 수 없지만 오늘 한 가지 결정을 하자. 훗날에 이 땅 위에 공동주택을 지어 함께 살 것이라고 생각한다면 이 동산을 사는 것이 결코 헛된 일은 아니라고 생각한다"라고 한 청년이 입을 뗐다. 그러자 또 한 청년이 "그런 꿈이 아닐지라도 교회가 난처하게 되었으니 이 문제를 반드시 해결해야 할 것이 아니냐"라고 하면서 "이 동산은 반드시 이번 기회에 사자"라고 했다. 이렇게 청년들은 뜻을 모았다.

뜻은 모였지만 동산 구입 자금을 어떻게 모아야 할지 막막했다. 그때 한 청년이 말을 꺼냈다. "우리에게 현재 직장이 없고, 가진 것도 없는 것은 현실이다. 그러나 믿음은 바라는 것들의 실상이라 했으니 믿음으로 이 문제를 풀어가자"라고 하면서 "각자 맞보증을 서서 대출을 받아 이 땅을 사고 노동판에 나갈지라도 성실히 이자를 갚으면서 직장을 구하면 되지 않겠느냐"라고 의견을 내었다.

그러자 청년들이 그 의견에 뜻을 모아 은행을 찾아갔다. 그런데 은행에서는 직장이 없는 사람들의 보증을 신용 할 수 없다고 거절했다. 새마을금고를 찾아갔다. 그랬더니 회원이 아닌 분들에게는 대출할 수 없다는 것이다. 그렇다면 "회원은 어떻게 되는 것이냐?"라고 물으니 1만 원 이상 계좌를 만들면 회원이 된다고 했다. 우리는 모두 그때 새마을금고 회원이 되었다. 그리고 1억 5,000만 원을 대출해달라고 했더니 눈을 크게 뜨면서 오늘 회원 가입한 분들에게 무슨 자격이 있어서 대출이 가능하겠느냐고 하여 창피만 당했다.

다시 집에 돌아와 매일 밤 회의를 거듭하는 가운데 직장이나 주택이 있는 집사들을 상대로 보증을 서달라고 매달렸고, 이런저런 방법들을 강구하여 결국 각자 1,500만 원씩, 나와 장경문 형제는 2,000만 원을 헌금하기로 결단하고 추진해나갔다. 얼마 되지 않아 기적처럼 1억 5,000만 원이 마련되었다. 동산 1만 5,000평을 사고 나니 온 세상을 다 차지한 사람들인 양 모두가 감격했다.

놀라우신 하나님의 손길

동산을 구입하고 나니 더 큰 문제가 하나 있었다. 교회 마당 한가운데에 동산 끝자락이 내려오는데 그곳에 커다란 무덤이 하나 버티고 있었다. 그 묘지를 어떻게든 해결하지 않으면 뒷동산을 사놓은들 어떤 용도로 사용하기에도 장애가 되었다. 사택 문만 열면 10미터 정도의 거리에 묘지가 보여 답답하기도 했지만 앞으로 교회 비전에 커다란 장애가 될 일이 뻔했다. 무덤 주인을 알아본 결과 도지사를 지내신 명문가의 묘지라고 하는 것이 아닌가?

그때부터 묘지를 정원처럼 가꾸기 시작했다. 묘지 주인을 찾아 보니 가족들이 일산과 서울 등 여러 곳에 흩어져 사셨다. 연락처를 알아내 연락을 드리니 말도 안 되는 일이라고 화를 내셨다. 쉽지 않은 일이라고 생각하며 묘지를 위하여 기도를 시작했다. 꽃을 심고 아름다운 나무를 심었다. 1년이면 세 번씩 벌초하며 온갖 정성을 다해 묘지를 가꾸었다. 그런데 추석 때가 되어 가족들이 오더니 누가 남의 묘를 이렇게 꾸미라 했느냐고 되레 화를 내는 것이 아닌가?

그러나저러나 하나님께서 내 정성에 감동하시면 저분들의 마음이 움직여 간단히 해결될 거라고 생각했다. 외삼촌 라반에게 속아 가며 일하던 야곱은 요셉을 낳은 후 고향으로 가겠다고 말했다. 그러자 라반은 그대로 있으라며 야곱에게 품삯을 정하라고 했다. 야곱이 양 떼 중에 점 있는 것과 아롱진 것, 검은 것을 달라고 하자 라반은 아롱진 것과 점 있는 것, 검은 것들을 자기 아들들에게 맡겨버렸다. 야곱의 몫을 아예 잘라버린 것이다. 그때 야곱은 버드나무와 살구나무, 신풍나무의 푸른 가지를 취하여 껍질을 벗겨 흰무늬를 내고 그 껍질 벗긴 가지를 양 떼가 와서 먹는 개천의 물구유에 세워 양 떼에게 향하도록 했다. 그랬더니 양들이 물을 먹으러 올 때에 가지 앞에서 새끼를 배어 얼룩진 것과 아롱진 것들을 낳게 되었다(창 30:25~39). 언뜻 보기에 우상 숭배하는 것도 아니고 미신을 따르는 것도 아닌 어리석은 방법 같아 보인다. 그러나 야곱이 할 수 있는 일을 하자 하나님께서는 그를 불쌍히 여겨 그의 원을 들어주셨다. 야곱의 재산이 날로 더해가도록 축복하신 것이다. 나는 이런 생각을 하면서 계속 무덤을 가꾸었다.

그렇게 3년이 흐른 어느 날 장손이라는 분이 찾아왔다. "그동안 할아버지 묘소를 잘 가꾸어주셔서 정말 감사합니다"라고 하면서 이제 그만 이 산소를 모셔갈 터이니 묘지 이장 비용과 수고비를 조금 주시면 좋겠다고 하는 것이 아닌가? 얼마나 반갑던지 당장에 협의하여 묘지 이장이 일사천리로 진행되었다. 오늘날 그 자리에는 새로운 예배당이 건축되어 있다. 그때 그 동산을 매입하지 않았더라면 아름다운 예배당을 이 동산 위에 어떻게 건축할 수 있었을까? 돌아보면 하나님께서 오후마다 임 씨를 충동질하여 앞뒤 모르고 앉아 있는 우리들을 뒤흔드신 다음 그 땅을 매입할 수밖에 없도록 인도하셔서 오늘날 그곳에 아름다운 예배당을 건축하도록 하신 것이 아니겠는가? 이 일 역시 사람의 생각으로 진행된 것이 아니라 살아 계신 하나님께서 하나하나 계획하고 이루게 하신 것이라 생각하니 놀랍기만 하다.

그 후 몇 년이 지나 돌아보니 동산 매입에 동참했던 청년들 중 두 사람은 목사가 되었고, 한 사람은 H공사 부장이 되었으며, 한 사람은 교수가 되었고, 한 사람은 사업가가 되어 놀라운 복을 누리게 되었다. 이 일을 통해 살아 계신 하나님을 더욱 확신하게 되었다.

동산을 매입하고 보니 동산 위에 다른 무덤들이 열세 구나 더 있었다. 그 열세 구의 무덤은 우리의 기도 제목이었고 하나님과 씨름하는 문제가 되었다. 참 놀라운 사실은 1년 동안 기도했는데 연락처도 알지 못하던 묘지 주인이 스스로 찾아와서 묘지를 한 구 한 구 모셔가는 것이 아닌가? 마치 손을 들어 깃발을 흔드니 군사들이 달려와 막힌 길을 열고 요단강을 건너게 하신 것 같은 기적의 역사가 바로 여기에 있었다. 한 구 한 구 묘지를 옮겨가는 가족들을 바라볼 때마다 가슴이 뛰었다. 전화 한 통 하는 수고 없이 그들로 하여금 스스로 와서 해결하게 하시는 섬세하고 놀라운 하나님의 손길을 피할 길이 없다는 것에 또 한번 감격했다.

여호와를 의지하는 자는 시온 산이 흔들리지 아니하고 영원히 있음 같도다 산들이 예루살렘을 두름과 같이 여호와께서 그의 백성을 지금부터 영원까지 두르시리로다 (시 125:1~2)

눈물을 흘리며 씨를 뿌리는 자는 기쁨으로 거두리로다 울며 씨를 뿌리러 나가는 자는 반드시 기쁨으로 그 곡식 단을 가지고 돌아오리로다(시 126:5~6)

보라 형제가 연합하여 동거함이 어찌 그리 선하고 아름다운고 머리에 있는 보배로운 기름이 수염 곧 아론의 수염에 흘러서 그의 옷깃까지 내림 같고 헐몬의 이슬이 시온의 산들에 내림 같도다 거기서 여호와께서 복을 명령하셨나니 곧 영생이로다(시 133:1~3)

아름다운 믿음

 30도를 오르락내리락하는 무더운 여름 주
일이었다. 정순모 집사님 사위가 자전거를 타고 오다가 차에 치여
세상을 떠났다는 것이다. 예배를 마친 뒤 산 고개를 넘어 초라한 농
가에 들어서니 천막 너머로 방 아래 관이 놓여 있고, 그 관 옆에 정
순모 집사님이 기대어 앉아 넋을 놓고 있었다. 그 모습이 얼마나 처
량하고 안쓰러웠는지 눈물이 왈칵 흘러서 조용히 다가가 끌어안고
울었다.

한참을 울고 있는데 나무껍질처럼 거친 손으로 내 손을 붙잡고
일어서시며 "목사님, 울지 마세요. 우리 사위는 천국에 갔잖아요.
저는 사위가 천국에 갔다는 것만 생각하며 슬퍼하지 않기로 마음먹

었습니다. 그러니 목사님도 울지 마세요"라고 하셨다. 오히려 슬퍼하는 나를 위로하는 정순모 집사님은 내가 만난 사람들 가운데 가장 믿음이 큰 분이다.

믿음이 큰 사람

정 집사님은 한글을 모르신다. 당신의 이름도 쓰지 못하고 그 어떤 글자도 아는 것이 없다. 그런 분에게 어찌 믿음이 생겼을까? 내가 기다란 성경책을 사드렸는데 그 성경책을 지금까지도 어깨에 메고 다니신다. "읽을 수도 없는 성경책을 왜 메고 다니십니까?"라고 여쭈면 "목사님이 사주셨으니 귀한 거잖아요. 또 하나님 말씀이니 모시고 다녀야지요"라고 하신다. 예배 시간이 되면 헌금 봉투를 내놓으시고 속주머니를 뒤지며 지나가는 이에게 이름을 써달라고 하면서 지금까지 예배를 드리는 분이다.

정 집사님은 어린 나이에 땅 한 평 없는 가난뱅이 남자에게 시집갔다. 가난했던 친정아버지가 입을 덜겠다고 가난한 노총각에게 딸을 시집보낸 것이었다. 남편은 병이 들어 시름시름 앓다가 이내 세상을 떠났고 땅 한 평, 방 한 칸 없는 집사님은 4남매를 이끌고 남의 집 처마 밑에 거적을 두르고 모진 인생을 살아오셨다고 한다.

정 집사님은 오른팔을 들지 못할 정도로 아프다고 괴로워하셨다. 사연을 물어보니 호미 하나로 온 동네 품앗이를 하여 4남매를 길러내면서 어깨뼈가 그렇게 되었다고 했다. 비닐하우스에서 예배를 드리던 날 허리마저 꾸부러져버린 집사님의 모습에 얼마나 마음이 아픈지 설교하던 나는 울컥했다. 집사님 어깨를 부둥켜안고 하나님께 눈물로 간구했다. "하나님, 이 불쌍한 딸을 긍휼히 여겨주셔서 치료의 광선을 보내주시옵소서. 상한 뼈를 회복하여 정상적으로 쓸 수 있도록 치유해주시옵소서." 생각만 해도 눈물이 나고 가슴이 아파 통곡하며 기도를 올렸는데 그날 이후로 집사님의 팔은 깨끗이 나음을 입었다. 집사님은 나를 볼 때마다 오른팔을 빙빙 돌리시며 "목사님, 하나님께서 이 팔을 고쳐주셨어요"라는 고백을 항상 잊지 않고 하신다.

주일마다 30리 길을 달려가 집사님을 모셔 왔다. 그런데 집사님은 시계를 볼 줄 모르신다. 그래서 주일 밤 예배를 드리기 위해 집사님을 모시러 달려가면 집에 계시지 않았다. 젖소를 기르면서 남의 밭을 소작하고 계셨기에 고추밭이나 담배밭에 계셨던 것이다. 나는 도대체 어디 계신지 알 수 없어서 이 밭 저 밭으로 뛰어다니며 집사님을 불렀는데 귀가 어두워 잘 듣지 못하셨다.

한번은 무척 더운 여름날이었다. 골짜기 밭길을 걸어가는데 숨이 턱 막혔다. '이런 날에도 밭에서 일하시는구나' 생각하며 집사님을 찾았다. 한참을 찾다보니 집사님이 담배 밭고랑을 헤집고 휘적휘적 나오시는 것이 아닌가? 땀을 얼마나 흘리셨는지 몰골이 말이 아니었다. 달려가 손을 붙들고 "집사님, 이렇게까지 꼭 일을 하셔야만 됩니까? 이제 일은 그만두시고 조금 편히 사십시다"라고 만류했다. 이렇게 말하는 나를 민망한 듯 바라보던 집사님이 한 말씀 하신다. "목사님, 저는 참 감사하며 살고 있어요. 담배 밭에 풀을 매다보면 숨이 막혀 죽을 것만 같걸랑요. 그럴 때면 밭고랑에 주저앉아 멀리 하늘을 바라본답니다. 저 하늘 너머는 우리 하나님 아버지가 계신 곳이지. 내가 예수님 믿어 그곳에 가게 될 거라고 생각하면 얼마나 기쁘고 힘이 나는지 몰라요. 목사님, 괜찮아요. 나는 천국 가는 거잖아요"라고 하신다. 참으로 대단한 믿음이다.

6월 말이 되면 어김없이 정 집사님이 부대 지루에 마늘을 담아 오신다. 민망하기 이를 데 없다. 땅 한 평 없는 분이 어디다 이 마늘을 심으셨단 말인가? 어느 날에는 밭고랑을 돌아다니다가 마늘 심은 곳이 없어 "집사님, 제게 가져오신 마늘은 어디다 심은 거예요?"라고 여쭈니 "알 것 없시유" 하며 웃으신다. 훗날에 알았다. 집에 가시는 길에 남의 집 담장 아래 두 줄로 마늘을 심어놓고 그 길을 오가시면서 이것은 목사님 몫이라고 쓰다듬어주고 풀을 뽑아주다가 마늘이 익으니 너무도 기쁜 마음에 새벽에 달려가 뽑아서 한 뜸 한 뜸 엮은 뒤 내게 가져오셨던 것이다.

가져온 마늘을 먹을 수가 없어 사택 뒤 뜨락에 걸어놓고 이따금 바라본다. 참 가슴이 뭉클하다. '그렇게 연약하고 가난한 집사님이 얼마나 많은 시간 동안 그 마음을 담아 가꿔온 마늘인가? 내가 무엇이기에 저렇게 어렵고 힘드신 집사님의 사랑을 받아도 된단 말인가?' 싶어 참 많이도 울었다. 참 순수하고 다정하신 분이다.

신앙은 인격이다

정 집사님은 현재 권사님이 되셨는데 이제는 권사님을 모시러 가지 않는다. 조금 더 먼 데서 오시는 집사님에게 우리 권사님을 모시고 다니도록 부탁드렸다. 권사님 댁이 버스 길에서 2킬로미터 정도 논둑길을 들어가야 해서, 정 권사님은 매번 버스 길까지 나와서 집사님의 차를 타고 오가셨다. 무척이나 추운 겨울날 권사님이 결석하셔서 집으로 전화했는데 받지 않으신다. 어쩐 일일까 불길한 생각이 밀려왔다. 점심을 마친 뒤 한걸음에 달려갔다. 그런데 권사님이 오후 2시가 넘어가고 있었는데 길가에 쪼그리고 앉아 계신 것이다! 이 추위에 어쩌려고 저러시나 싶어 달려가보니 권사님이 얼음같이 차가워져 있었다.

권사님을 얼른 모시고 댁으로 가서 "왜 그렇게 앉아 계셨습니까?"라고 물으니 "목사님, 아침부터 나와 있었는데 차가 오지 않았어요"라고 민망한 얼굴로 대답하신다. 아마 시간 착오가 있었던 모양이다. 시간을 모르는 권사님은 한나절을 길가에서 기다리고 계셨던 것이다. 나도 모르게 원망이 나왔다. "사람이 없으면 한번 집으로 들리거나 좀 기다렸다가 오면 될 일이지 그럴 수 있는가?" 하고 말이다. 그러자 권사님께서 정색하시며 "목사님, 무슨 말씀을 그리하세요. 그게 아닙니다. 늦게 나온 제 잘못이지 저를 태우고 다닌 집사님 잘못이 아니에요. 목사님, 꿈에라도 그 집사님 혼내지 마세요. 오늘까지 그 집사님 덕분에 교회 다니고 있어요. 어쩌다가 한두 번

그러신 것을 탓하시면 큰일 납니다" 하시는 것이 아닌가?

문득 생각을 바꿔봤다. 일반적인 교회의 권사님이라면 길거리에 3시간이나 내버려두고 간 젊은 집사님에게 어떻게 반응하실까? 불편한 마음으로 무어라 하시지 않았겠는가? 그러나 정 권사님은 언제나 은혜 속에 강하고 감사하시는 분이다. 17년 전에 고침을 받은 그 팔을 지금도 어제 고침을 받은 것처럼 자랑하는 분이다. 요전에도 "권사님, 요즘 어떻게 지내세요"라고 인사드리니 오른팔을 훌쩍 들어 보이시며 "목사님, 제 팔 고쳐주셨잖아요. 그냥 감사해요. 감사해요. 감사해요" 하신다.

신앙은 인격이라고 생각한다. 예수 그리스도의 십자가 사랑을 입은 사람은 불순종으로 무너진 하나님의 형상을 회복하는 것이 당연하다. 하나님의 사랑과 인격을 회복하는 것이 마땅히 거듭난 사람의 참 모습이어야 한다. 이 땅에 수많은 성도가 입으로는 믿음이 있노라 하지만 삶을 돌아보면 여전히 옛사람의 구습을 벗지 못하고 더러운 말과 불평, 원망을 끊임없이 내놓고 살아가고 있다. 높은 학문과 고상한 지식이 그들을 아름답게 세워주지 못한다. 믿는다고 말하지만 신앙이 그 인격을 변화시키지 못하는 것을 볼 때마다 가슴이 아프다.

이름도 쓰지 못하고 가난으로 일생을 험하게 달려오셨지만 정 권사님은 그 어떤 지식인보다, 그 어떤 학식을 가진 분보다, 그 어떤 놀라운 은사를 자랑하는 분보다 더 크고 축복된 믿음을 가지신 분이라고 생각한다. 18년을 함께 살아오면서 아직까지 단 한번도 불평하거나 남을 원망하는 모습을 본 적이 없다.

몹시 춥던 겨울, 비닐하우스에서 살던 나를 위해 교회 마당에 사택을 짓기 시작했다. 얼마 되지 않는 돈으로 짓다보니 여러 가지 애로 사항이 많았는데, 결국 집을 짓다 말고 건축업자가 자취를 감추었다. 짓다 만 건축물을 바라보는 우리는 참으로 답답했다. 지붕을 받쳐놓은 건물 안에는 대형 트럭 두 대분이 넘는 거푸집이 있었는데, 어찌할 바를 몰라서 위험천만한 그 모습을 바라만 보고 있었다.

그러던 어느 날 예배를 마치고 식당에 모여 점심 식탁 교제를 하는데 뭔가 뚝딱거리는 소리가 들렸다. 나가보니 150센티미터도 안되는 작은 키의 당시 정 집사님께서 그 건축 거푸집 나무들을 뜯고 계셨다. 너무도 큰 충격이었다. 젊은 사람도 옮길 생각 못했던 그 일을 일흔이 넘은 할머니가 홀로 하고 계셨던 것이다. 위험한 일을 어찌 그리하느냐고 해도 집사님은 아랑곳없이 건축물 속에서 나무들을 하나하나 끄집어내고 계셨다. 이 일로 인하여 그 주간에 모든 성도가 합심하여 나무를 다 걷어내고 건축을 진행해 지금의 사택으로 사용하게 되었다.

이제는 아흔을 넘겨 몸이 더 작아지셨는데, 권사님의 모습을 볼 때마다 믿음의 아름다움, 신앙의 아름다운 열매가 무엇인지 보는 것 같아 참으로 흐뭇하다. 언제나 만나면 활짝 웃으시면서 "감사해요. 하나님께 감사해요. 목사님께 감사해요. 교회가 참 좋지요"라고 하시는 권사님, 더 늦지 마시고 오래오래 사시기 바랍니다!

의리의 할아버지

비어 있던 집에 근사한 신사 할아버지가 오셨다. 대대적인 집안 수리를 하시고 뜨락을 가꾸셨다. 집을 잘 가꾸시는 분이 오신 것이다. 전도하러 찾아갔다. 할아버지가 마루에 앉아 계셨다. 나는 말없이 다가가 옆에 앉아 "안녕하십니까?"라고 인사를 하니 무서운 눈으로 "누구슈?" 하는 것이다. 얼굴에 위엄이 있었고, 첫눈에 무척 고집이 세어 보이셨다.

"할아버지, 어디서 오셨습니까?"라고 물었더니 "내가 여기 토박이네. 그러는 자네는 누군가?" 하시는 것이다. 그래서 내가 다시 물었다.

"어디 갔다 오셨어요?"

"미국 갔다 왔지."

"미국이 좋은데 거기서 사시지 뭐하러 오셨어요?"

"내 고향에서 죽으려고 왔어"라고 말씀하시는데 외로움이 묻어나왔다. 말없이 비쳐오는 봄 햇살에 할아버지의 옆모습이 왜 그리 서글퍼 보였는지 모른다. 갑자기 안쓰러운 마음이 들어 할아버지 손을 꼭 잡아드렸다. 그런데 어색해하실 줄 알았던 할아버지가 의외로 내 손을 잡아 쥐는 것이 아닌가? 어딘지 알 순 없지만 마음이 허전해 보이셨다.

217

"할아버지, 제가요. 이 동네에 교회를 세운 사람입니다. 시간 내어 한번 오시죠."

"교회는 안 가."

"교회하고 무슨 기분 나쁜 일이 있으셨습니까?"

"아냐, 미국에서는 다녔지."

"그러면 세례는 받으셨겠네요?"

"그런 거 안 받아!"

단호히 거절하셨다.

"그래도 할아버지, 동네에 생긴 교회니까 꼭 한번 들러주세요. 저하고 한번 만나면 안 오시고는 못 배기실 것입니다"라고 하니 "맘대로 해!" 하시며 방으로 휙 들어가시는 것이었다. 그날 이후로 거의 날마다 나가고 들어오며 할아버지 댁에 들렀다. 과자도 사다 드리고 음료수도 사다 드리고 반찬도 만늘어 드리면서 계속 다가가자 할아버지께서 "들어와 봐" 하셨다. 집 안으로 들어가자 할머니를 부르시더니 이것저것 맛있는 것 다 챙기라시며 한 상을 차려 대접하신다. 그러면서 "많이 먹어. 잘 먹어야 돌아다니지. 목사는 돌아다니는 직업이지" 하시며 자꾸만 먹을 것을 권하시는데 할아버지의 숨어 있는 사랑을 느낄 수 있었다.

한참을 먹고 난 후 "할아버지, 이제 못 먹겠습니다. 너무 많이 먹었네요. 이번엔 저희 집에 한번 오세요"라고 말씀드렸다. 그러자 초청을 받은 할아버지께서 마음이 움직이셨는지 좋다고 하시는데 조건을 거신다.

"여보, 목사 양반! 사실은 내가 교회는 가고 싶은데 홍성에 우리 조상님이 계셔서 문중 산소를 만들려고 들어왔거든. 그런데 교회는 조상 섬기면 안 된다매. 제사를 드리도록 내버려두면 다닐 수도 있어"라고 하시는 것이다. 그래서 여쭈었다.

"할아버지, 제사는 1년에 몇 번 드리십니까?"

"매달 한두 번씩 있어"하시는 것이다. 아마 온 집안 제사를 다 끌어안고 계시는 것 같았다. 망설이다가 "할아버지, 그러면 제사는 드리시면서 교회에 다니세요"라고 했다.

그렇게 말씀을 드리니 "그래도 돼?" 하신 후 주일마다 할머니 손을 붙들고 교회를 오시는 것이었다. 교회와 거리가 800미터쯤 떨어진 곳에 계셨는데 주중에도 산책 나오실 겸 교회를 들르곤 하셨다.

초가을이었다. 전도를 하고 돌아오다가 마을 어귀에 있는 다리에서 할아버지를 만났다. 손에 무엇인가를 잔뜩 들고 계셨다. 차에서 내려 "할아버지 손에 들고 계신 게 뭐유?"라고 물었더니 후다닥 뒤로 감추시는 것이다. 그 모습이 어린아이 같아 짓궂게 다가가 "할아버지 좀 봅시다"라고 했다.

"보지 마! 목사가 보면 안 되는 것들이야" 하시면서 자꾸만 숨기시는 것이다. 이상했다. 뭔가 수상한 물건들을 들고 계신 것 같은데 그냥 못 본 척 인사하고 돌아왔다.

추석 2주 전 주일이었다. 오전 8시가 채 안 되었는데 전화가 울렸다. 받으니 여성의 음성이다. 누구냐고 물었더니 아버지가 아프신데 무슨 병인지 모르겠다는 것이다. 그러면서 혹시 모르니 와서 아버지 병을 고쳐보라고 한다. 아니면 용한 스님에게 모시고 가야 할 병이라며 전화를 끊는 것이다. 할아버지의 둘째 딸이었다.

9시 주일 예배를 드려야 하는데 시간이 조급했다. 안 갈 수도 없어서 주일학교 교사이던 양 집사를 대동하고 달려갔다. 집 앞에 가보니 이게 웬 난리인가? 온 마을 사람들이 다 마당에 모여 있었다. 집 안 문이 활짝 열려 있는데 덩치가 큰 이 동네 주민 고광성 씨가 허리가 아프다며 끙끙거리고 있었다. 웬일이냐고 물었더니 할아버지가 떠밀어서 다쳤다고 한다. 마루에는 갈비뼈가 부러진 할머니가 가슴을 움켜쥐고 신음하고 계셨다. 이것도 역시 할아버지에게 맞아서 그런 것이었다. 아니, 무슨 할아버지가 아침부터 동네 사람을 때렸단 말인가? 문 앞에 서자 중년의 여성이 다가와서 "우리 아버지 좀 고쳐보세요"라고 한다. 안방을 들여다보니 할아버지께서 완전히 발가벗고 춤을 추고 계신 게 아닌가! 말이 춤이지 정신 없이 소리를 지르면서 이리저리 뛰고 계셨다.

아차 싶었다. 이거 뭔가 걸렸구나 싶었는데 예배 시간도 다가오고 하여 양 집사에게 들어가서 예수 이름으로 귀신을 쫓아내드리라고 했다. 양 집사가 두려운 모습으로 방 안으로 들어가는데 할아버지께서 냅다 발로 어깨를 차버리시는 것이 아닌가! 양 집사가 마루로 꽝 하고 떨어지며 나뒹굴었다. 장난이 아니구나 싶었다. 양 집사가 엉금엉금 기어 나오며 못하겠다고 도망갔다.

예수 이름으로 명하노니 귀신아, 당장 나갈지어다

하는 수 없이 방으로 들어갔다. 할아버지를 보니 눈동자가 이상해 보였다. 나를 알아보지도 못하고 냅다 고함을 지르면서 "너는 누구냐?" 하는 것이다. '아, 귀신이 들렸구나!' 싶었다. 그래서 할아버지 어깨를 붙잡고 "귀신아! 물러가라!" 소리를 지르는데 되레 할아버지께서 나를 움켜쥐고 흔들어대기 시작하는 것이 아닌가! 마을 사람들이 다 구경을 하고 있는데 목사 체면이 말이 아니었다. 한방에 귀신이 물러가야 할 터인데 만에 하나 이 귀신이 안 나가면 큰일이 아닌가 싶었다.

할아버지를 붙들고 한참을 예수 이름으로 나가라고 고래고래 소리를 지르며 씨름을 하다가 펼쳐져 있던 이부자리 위에 할아버지를 쓰러뜨렸다. 나를 붙들려고 허우적대는 할아버지의 손을 꼭 붙들고 제압하면서 "예수 이름으로 이 더러운 귀신아, 당장 물러가라!" 소리를 지르며 기운이 다 빠져나갈 만큼 한바탕 씨름을 했다. 진땀을 흘리고는 지쳐가는데 갑자기 할아버지 음성이 괴교한 여성의 음성으로 바뀌었다. 그러고는 "나는 못 간다. 어디로 간단 말이냐! 같잖은 게 와서 나보고 나가라고 하느냐"라고 호통을 쳤다. 가만히 생각하니 그 말이 맞았다. 내가 뭐기에 할아버지에게 나가라, 있으라 할

자격이 있나 하는 생각이 들었다. 그러다가 순간 이것이 할아버지 소리가 아닌 것을 깨달았다. 아마 할아버지 속에 있는 또 다른 어떤 영적인 실체가 소리를 지르는 것 같았다.

이때 이상한 일이 일어났다. 할아버지 가슴에서 손바닥 두께만 한 이상한 것이 불쑥 올라오더니 배로 가슴으로 어깨로 이리저리 돌아다니는 것이 아닌가! 너무도 놀랐다. 그것이 돌아다니는 곳을 손바닥으로 짚으며 "이 귀신아, 당장 떠나라!"고 외치기 시작했는데 한동안 외치고 나자 그 꿈틀거리던 것이 잠잠해지는 것이었다. 더욱더 강하게 "이 더러운 귀신아, 지금 당장 나가라!"라고 소리를 질렀더니 이번에도 갈 곳이 없어 못 나간다고 하는 것이 아닌가! 그래서 "바다로 가라" 했더니 "못 간다" 하고 "산으로 가라" 했더니 "그곳도 갈 수 없다"라고 하는 것이다. "그럼 어디로 가겠다고 하는 것이냐?" 물으니 "나도 모른다"고 하는 것이 아닌가! 하는 수 없이 "북한으로 가라"고 소리를 질렀더니 "알았다"고 했다.

나도 모르게 이런 말도 안 되는 소리를 하고 있는데 갑자기 할아버지가 통곡하기 시작했다. "아이고~ 아이고~" 하면서 우시는데 그 곡소리가 얼마나 슬프고 처량한지 갑자기 나도 모르게 눈물이 나오려는 것이 아닌가! 너무 슬피 울어 말릴 수도 없어서 그냥 쳐다보고 있었다. 한참을 울고 난 할아버지가 "내가 이 집에 큰 며느리였다. 그런데 대대로 내려오던 재산을 다 먹어버렸느니라. 내가 왕인데 네가 누구를 나가라고 따지는 것이냐?"라고 알 수 없는 소리를 하셨다. 그래서 "더러운 귀신아, 예수 이름으로 명하노니 어서 당장 떠날지어다!"라고 소리를 질렀더니 "알았다"며 나가는 것이었다.

귀신이 나가자 할아버지께서 후다닥 화장실로 뛰어가셨다. 한참을 기다려도 나오지 않으신다. 웬일인가 싶어 화장실 문을 열고 들어가보니 할아버지께서 소변을 보시는데 끝도 없이 보고 계시는 것이다. "할아버지, 웬 소변을 그렇게 보고 계세요"라고 여쭈니 거의 일흔이 다 되신 할아버지께서 실오라기처럼 가느다란 목소리로 "살려줘서 고마워요" 하신다. "무슨 일이 있었던 거예요?"라고 다시 여쭈니 할아버지께서 실토하신다.

사실은 지난 금요일에 선산에 올라가 산신제를 드리고 벌초를 하기 시작했는데 갑자기 무엇이 달려와서 허리춤을 동여매는 바람에 그때부터 아랫배가 아파서 길길이 뛰었으며 소변이 마려워 살길이 없었다고 하셨다. 그래서 소변을 누려고 옷을 벗으면 사람들이 달려와서 붙잡는 바람에 괴로워서 손발을 휘둘렀는데 옷을 벗고 아무리 소변을 보려고 해도 소변을 볼 수가 없었다고 한다. 그렇게 3일째 되던 날 아침, 이제는 죽는 줄 알았는데 목사님께서 오셔서 예수의 이름으로 내 속에 있는 것을 몰아내주시니 이제야 살겠다는 것이었다.

귀신이 나가면서 앞으로 세 번 더 찾아오겠다고 했다. 그래서 나도 모르게 그렇게 하라고 했다. 내가 그 얘기를 할아버지께 전했더니 "아이고, 이제 죽었네"라며 오지 말게 해달라고 애원하는 것이 아닌가! 마치 어린아이와 같았다.

어느 정도 정리하고 교회로 돌아왔다. 예배를 마치고 오후 2시가 넘었는데 전화벨이 울린다. 할아버지 댁이었다. 할아버지에게 다시 난리가 났다는 것이다. 달려가보니 아침과 똑같은 현상이 나타나 있는 것이었다. 들어가자마자 불호령을 하며 "이 더러운 귀신아, 예수 이름으로 명하노니 당장 나갈지어다!" 하고 소리를 버럭 질렀더니 할아버지께서 뒤로 벌렁 넘어지며 알았다고 소리를 지르셨다. 한참을 지키고 앉았다가 할아버지가 주무시는 것을 보고 교회로 돌아왔다.

해가 질 무렵 또다시 전화가 왔다. 할아버지에게 또 발작이 시작되었다는 것이다. 이번에는 가는 것도 힘이 들어서 전화기를 할아버지 귀에 갖다 대라고 했다. 그런 후 버럭 소리를 질렀다. "예수 이름으로 명하노니 귀신아, 당장 나갈지어다!"라고 고함을 질렀더니 옆에서 식구들이 울며 대답했다. 할아버지가 괜찮아지신 것 같다고 했다. 그렇게 한바탕 귀신과의 씨름이 끝났다.

이제야 우리 집안에 영광이 돌아왔습니다

다시 할아버지 댁에 찾아갔다. 할아버지는 넋이 나간 것처럼 멍하니 앉아 계셨다. 그래서 "할아버지, 집안에 귀신들이 좋아할 만한 것들을 다 치웁시다"라고 말씀드리니 "나는 못 치우니 목사가 와서 치워" 하시고는 행랑채 방문을 열어젖히며 "이것 다 가져가"라는 것이다. 대단했다. 제사 기물이 1톤 트럭 정도 되었다. 어디서 그렇게 많이 사다 놓으셨는지 온갖 목각 그릇들, 금촛대와 병풍 등 가지가지 제사 기물이 나왔다. 교회의 컨테이너로 옮겨 전시해놓고 오가는 성도들에게 전리품 보이듯이 우상 숭배의 험악함을 보여주었다. 불상과 가지가지 기물을 한 3년 전시했는데 하도 많이 쌓여 있으니 보는 성도들이 영적으로 힘들다고 하소연하는 바람에 다 소각해버렸다. 당시 무당 집에서 가져온 것 같은 여러 가지 우상이 컨테이너 안에 가득했다.

할아버지는 원래 백 리 길이 넘는 땅을 소유한 천석꾼이었다고 한다. 그런데 언제부터인지 모르게 재산을 하나둘 잃어버리기 시작했단다. 할아버지는 들에서 모내기를 하다가 정확한 시간에 점심식사가 도착하지 않으면 집으로 달려와서 이불을 꺼내다가 국솥에 집어넣고 휘저어버리는 무서운 분이셨다. 할머니는 할아버지 눈빛만 봐도 조용해지셨다고 한다.

할아버지의 성품은 동네에서도 모르는 사람이 없었다. 그런데 어느 날 두 아들이 행방불명되었고 재산은 모두 팔려나가게 되었다는 것이다. 몇 년 동안 소식이 없는 자녀들 때문에 속앓이를 참 많이 하셨는데 그 아픔이 할아버지의 내면에 크셨던 것 같다. 마지막 자존심으로 눈 감기 전에 조상 산소를 잘 가꾸어 후손에게 남겨놓으려고 하셨다. 그래서 홍성에 있는 선산을 대대적으로 공사해 가꾸어놓고 죽음을 준비하고 계셨던 것이다.

이번 사건을 통하여 할아버지는 확실히 영적 세계를 알게 되셨고 예수님을 경험하게 되셨다. 추석날이 되었다. 나를 초청하셨다. 우리 집에 와서 조상들에게 마지막 인사를 하도록 도와달라는 것이다. 무슨 이런 일이 있단 말인가? 어쨌든 명절 아침에 할아버지 댁에 찾아갔더니 50~60명 되는 일가친척이 온 집안에 가득하고 마당까지 운집해 있었다. 할아버지께서 그동안의 일들을 간략히 설명하시며 "오늘 이후로 우리 집에 제사는 없다. 내가 살길 바라면 여러분도 도와주어야 할 것이다"라고 선포하셨다. 그러시면서 "옆에 있는 이 목사님이 대단한 목사이니 오늘 이분이 시키는 대로 하라"고 명령하셨다.

온 집안 식구 누구 하나도 반항하는 사람이 없었다. 멋진 일이었다. 예수의 이름으로 〈주 하나님 지으신 모든 세계〉를 찬송하며 감격했다. 〈시편〉 23편으로 설교했다. 한편의 드라마 같았다. 놀란 사실은 그 가족들 중에 안수 집사님도 계셨다는 것이다. 그러나 워낙 할아버지가 강경하셔서 감히 다른 말을 못하고 할아버지 하자는 대로 따라왔던 것이다. 예배를 마치고 나니 여기저기 몇 분이 다가와 눈물을 흘리며 "목사님, 감사합니다. 이제야 우리 집안에 영광이 돌아왔습니다"라고 하신다. 모두가 예수꾼들이었다.

할아버지는 참 멋진 분이셨다. 그 후로 얼마나 성실하게 예수님을 섬기셨는지 새벽마다 걸어오셔서 한 시간이 넘도록 하나님을 부르면서 울부짖는 기도를 하셨다.

세월이 흘러 할아버지가 나를 찾으신다기에 댁에 갔더니 내가 얼마 못 살 것 같다며 내가 죽더라도 우리 마누라 예수 잘 믿게 도와달라고 했다. 우리 집안 자손들은 미국, 서울, 홍성, 천안에서 살고 있는데 다 유언을 할 테니 예수 믿도록 도와달라고 하셨다. 참 진실하고 의리가 있는 할아버지셨다.

할아버지께서는 자신의 죽음을 예언하셨다. 그 후 할아버지는 어인 일인지 곡기를 끊으셨다. 그리고 50일이 넘도록 금식하시면서 서서히 힘을 잃어가셨다. 교회 마당에서 지하수를 떠다 드리면 참 맛있다고 드셨는데 다른 생수는 다 토하셨다. 알 수 없는 일이었다. 할아버지는 그렇게 세상을 떠나셨다.

조상 산소가 있는 홍성 선산에 할아버지를 모셨다. 할아버지께서 살아생전 산소를 가꾸실 때는 제사를 드리기 위한 제단을 만드셨는데, 돌아가신 후에 가보니 제단이 하나도 없었다. 할아버지가 그때 만드셨던 제단을 다 없애버린 것이다. 할아버지는 그렇게 하나님 품으로 가기 위해 마지막 인생을 정리하셨다. 할아버지를 통해 참 많은 가족이 감동을 받았고 살아 계신 예수님을 증거하게 되었다. 지금도 그 댁 앞을 지나갈 때면 할아버지 생각이 선명히 떠오른다. 참 멋있는 의리의 대장부였다.

믿는 자에게는 하나님의 역사가 나타난다

10여 년 전의 일이다. 음대를 나온 자매가 있었다. 자매의 뇌 뒤쪽에 생명을 갉아 먹는 뇌종양이 자라고 있었다. 사람의 운동 세포를 치고 들어온 암이라 수술이 불가능하다고 했다. 뇌압으로 자매의 얼굴이 퉁퉁 부어 사람의 모습이 아니었다. 통증이 얼마나 심한지 비틀거리면서 끊임없이 구토를 하는데 대책이 없었다. 방 안을 빙빙 돌다가 커튼을 뜯으면서 울부짖는 모습은 차마 눈을 뜨고 볼 수 없는 비극이었다. 얼마나 아프면 저렇게까지 할까? 상상이 가지 않는 울부짖음이 날마다 울리고 있었다. 진통제를 먹어도 아무 소용이 없었다.

어느 날 내가 자매에게 물었다.

"예수님을 믿으십니까?"

"네, 믿습니다."

대답은 시원한데 영 믿음이 없어 보였다. 그래서 병은 둘째 치고 예수님을 믿는 것이 우선이겠나 싶어 시간이 나는 대로 예수님을 전했다. 그럴 때마다 자매는 도무지 마음으로 믿어지지 않는다는 말을 계속했다. 별의별 간증을 다 들려주고 온갖 기도를 해줘도 못 믿겠다고 말했다.

어느 수요일 저녁 예배 시간이었다. 그 당시에는 환자가 여러 명 있어서 기적의 사건들이 많이 기록된 〈요한복음〉과 〈사도행전〉을 주로 설교했다. 그날은 특별히 자매에게 앞쪽에 앉으라고 신신당부를 했다. 설교 후 기도해주려는 마음이었다.

그런데 말을 듣지 않고 중간쯤에 앉았다. 내가 목회를 하면서 깨달은 것 중에 하나가 있다. 믿음이 있는 사람은 앞으로 오라고 하지 않아도 앞에 앉지만, 믿음이 없는 사람은 꼭 뒷자리만 고집한다는 것이다. 그 자매는 늘 뒷자리에 앉다보니 예배에 집중하지 못했다. 그런데 그날은 웬일로 설교 중에 나를 바라보고 있었다. 설교하다 보면 눈에 끌리는 사람이 있는데 그럴 때 하나님의 역사가 임하는 것을 종종 봐온 터라 기대가 되었다. 아니나 다를까, 갑자기 자매의 얼굴이 환하게 밝아지는 것이었다.

예배를 마친 뒤 자매가 눈물이 그렁그렁한 채 찾아왔다.

"목사님, 저 이상해요……."

"아니, 왜 그래요? 뭐가 이상한대요?"

"설교를 듣는데 제 머리에 사이다가 터진 것처럼 시원해졌어요!"

그러면서 막 울었다. 그래서 기도해주려고 자매님의 머리에 손을 얹었는데 순간 불이 났다. 그냥 손을 대려고만 했는데도 불이 들어와 자매가 튕겨져 나갔다.

그 뒤로 자매의 통증이 없어지고 부은 몸도 정상으로 돌아왔다. 병원에 가서 뇌를 촬영했더니 500원짜리 동전보다 좀 더 큰 까만 흑점이 세 군데에 찍혀 있을 뿐 깨끗하다고 했다. 담당 주치의도 깜짝 놀라서 어떻게 치료했는지 묻더란다. 믿음이 기적을 일으켰다. 믿고 기대하며 기도하니까 하나님이 고쳐주신 것이다.

임신 7개월째 배 안에서 복수가 차올라 신장이 어른 주먹보다 더 큰 아이가 있었다. 점점 물이 폐까지 차올라 태어나도 온전한 사람으로 살 수 없다는 것이었다. 신앙이 없는 가족들은 아이를 당장 없애라 하고 자매는 믿음으로 낳겠다고 했다. 오래되지 않은 자매의 믿음이 위태하긴 했지만 다행히 잘 견뎌내고 있었다.

그렇게 한 달 남짓 지난 어느 날 자매가 내게 와서 한숨을 쉬며 큰 걱정을 했다. 아이의 배가 너무 불러 출산 때까지 견뎌낼 수 없다는 것이었다. 산모도 아기도 모두 위험하다는 진단이 나왔단다. 그래서 어떻게 할 것이냐고 물었다. 그랬더니 "도와주세요. 그냥 낳을 수 있도록 도와주세요" 하는 것이었다.

안타까웠다. 우리가 합심 기도를 수없이 해왔지만 이러한 일을 만날 때마다 참으로 당혹스러웠다. 구하는 것은 우리의 일이지만 응답을 주시는 분은 하나님이시기 때문에 결과를 장담할 수 없었던 것이다. 조심스러웠다. 그래서 "자매님, 힘들면 그냥 병원에 가서 수술을 하세요"라고 권면했다. 그래도 자매는 견뎌낼 거라고 말했다.

산모의 배가 쌍둥이를 잉태한 것처럼 유난히도 불러 보였다. 내가 걱정을 해서 그렇게 보이는 것인가 해서 다른 사람들에게 물어보았다. "저기 희정 씨 배가 평범한 산모의 배보다 더 불러 보이지 않나요?" 그랬더니 모두 유난히 배가 크다고 하는 것이 아닌가! 큰일 났다. 이대로 가다가는 의사 선생님 말처럼 아이의 복수 때문에 두 생명을 잃을 수도 있는 위험한 상황이 될 것 같았다. 초조하고 불안하여 하루하루 상황을 물으면서 기도했다. "하나님, 두 생명을 살려주세요. 믿음의 표적을 보여주세요." 마치 어린아이가 매달리듯이 지극정성으로 하나님을 찾았다.

8개월이 지나고 있었다. 하루하루가 얼마나 긴 날인지 정말 힘이 들었다. "희정 씨, 배 아프지 않아요?"라고 물으면 괜찮다고 했다. 그래서 "얼른 병원에 가서 진찰하고 아기를 낳게 해달라고 하세요. 이제 9개월이 되었으니 살 수 있지 않겠어요?"라고 달래서 서울에 있는 큰 병원에 올려 보냈다. 병원에 다녀오더니 선생님께서 8월 5일로 수술 날을 잡았다고 했다. 밤마다 몇몇이 모여 두 손을 들고 소리를 높여 기도를 하고 있었다.

곧 수술하는 날이 되었다. 걱정보다는 안심이 되었다. 마치 내가 아이를 낳는 것처럼 긴장이 풀리고 이제 발 뻗고 잠을 자겠구나 싶었다. 그런데 웬일인지 오후에 갑자기 산모가 내려온 것이 아닌가?

아이가 안 보인다. 아이는 어디 갔느냐고 물었다. 그랬더니 그냥 병원에서 내려와버렸다고 한다. 답답했다. 수술을 한 산모가 아이 없이 본인만 내려온 것이다. 이게 어찌 된 것이냐고 따졌더니 울음을 터트린다. 필경 잘못되었구나 싶었다. 그런데 하는 말이 "목사님, 그냥 낳았어요"라는 것이다.

"아니 어떻게?"

"아침 10시가 수술 시간이었는데 9시에 자연분만을 했어요."

이건 또 무슨 말인가! 수술하기로 한 날 아기가 그냥 나와버린 것이다. 참 신비롭고 기가 막혔다. 그래서 아이를 어떻게 했느냐고 물으니 병원에 있다는 것이다. 산모도 너무나 신기하고 좋아서 그만 택시를 타고 교회로 달려온 것이다. 어이가 없었다. 아이 이름을 지어주었다. 성혜, 거룩한 하나님의 은혜로 태어난 딸이라는 의미다.

그런데 의사 선생님이 사진을 찍어본 결과 성혜의 양쪽 신장이 굉장히 크고, 폐에는 상당한 양의 물이 차 있었다. 그래서 안정적으로 호흡을 하기는 매우 어려울 것이라고 진단했다. 어찌해야 하는가? 너무 어리니 일단은 지켜보고 나중에 기회가 되면 방법을 찾아보자고 했다.

이제는 배짱이 생겼다. 여기까지 살려주신 하나님이 그까짓 폐와 신장을 놔두시겠는가? 안심하라고 위로하고 하나님께 맡겼다. 흔적도 없이 나아지도록 하나님께 부탁을 드린 것이다. 놀랍게도 그 믿음대로 6개월이 지난 후 폐의 물이 사라졌다. 그리고 1년이 지난 후 커져 있던 신장마저 정상으로 돌아왔다.

성혜는 아주 건강한 아이로 자라고 있다. 곧 중학생이 된다. 참 신비롭고 아름다운 하나님의 역사다. 믿음의 역사다. "네가 믿으면 하나님의 영광을 보리라" 하신 〈요한복음〉 11장 40절 말씀이 새삼 생각났다. 말로는 믿는다고 하지만 어려운 상황에 처하면 우리의 믿음은 순식간에 사라진다. 죽어버린 오라비가 썩어 나흘이나 되니 냄새가 난다고 했던 마르다와 마리아를 보시고 통분히 여기며 눈물을 흘리셨던 예수님의 모습을 떠올려본다. 오늘날 우리가 그와 같은 사람들이 아닌가? 날마다 믿는다고 하지만, 막상 현실이 닥치면 언제나 하나님은 계시지 않고 현실만 보이는 거짓 신앙에 속아 살고 있지는 않은가 말이다. 나사로가 살아났다면 오늘 우리에게도 믿음의 역사가 있어야 할 것이고, 믿는 자에게는 하나님의 역사가 나타나야 한다고 생각한다.

하나님이 하신 일을 누가 말릴까
전도 길에 중년 부인을 만났다.

"예수 믿으세요!"

힐끗 보면서 "믿기는 뭘 믿어요" 한다. 반응이 이상하다. 무슨 사연이 있는 것 같았다.

"예수님께 무슨 감정 상한 일이 있습니까?"

"그런 게 어딨어요."

"그러면 왜 그렇게 표정이 좋지 않습니까?"

그렇게 시작된 이야기 끝에 부인이 말한다.

"우리 딸을 찾아주시면 믿지요."

"아니, 무슨 딸을요?"

"글쎄, 우리 딸이 어느 날부터 돌아오지 않고 있어요."

"언제 나갔는데요?"

"중학교 2학년 때요."

어디에 있는지 행방이라도 알았으면 좋겠다는 어머니의 고백이었다. 딸이 집을 나가 소식이 없으니 얼마나 답답할까? 그래서 선뜻 장담했다.

"아주머니, 그 딸 오는 거 간단합니다. 새벽에 나와서 예수님께 찾아달라고 하세요."

눈을 크게 뜨더니 지금 무슨 말씀을 하는 거냐고 따지듯이 묻는다. 그래서 "아니면 그만두시고요" 했다.

그래 놓으니 누가 답답할까, 결국 새벽 기도가 시작되었다. 경찰서에 가서 가출 신고부터 하고 딸 이름을 부르며 기도를 시작한 것이다. 벌써 이것이 두 번째다. 이전에도 잃어버린 아들을 기도 끝에 찾아오지 않았는가? 기도를 하는 중에 점점 마음에 확신이 섰다. 이번 일은 아무것도 아니겠다 싶었다.

그러던 어느 날 경찰서에서 연락이 왔다. 딸을 데려가라는 것이다. 달려가보니 딸이 경찰서에 잡혀와 있었다.

"아니, 어디서 데려왔습니까?"

"글쎄요. 조치원에서 잡아왔네요."

"누가요?"

경찰이 이야기한다. 조치원 길거리에서 어떤 싸움판이 벌어진 모양이다. 그런데 증인이 없었다. 그래서 마침 옆에서 싸움 구경을 하던 젊은 자매를 증인으로 데려다가 사건을 조사하는데 주소, 성명을 물으니 가출 소녀라는 사실이 밝혀졌다는 것이다. 그래서 우여곡절 끝에 경찰차로 당진까지 후송해온 것이었다. 집 나간 딸을 위해 기도했더니 하나님께서 싸움판 옆에 세워놓고 경찰을 통해서 붙잡아 온 것이 아닌가! 우리 하나님은 신비로우시다.

그 일을 통해서 부인은 새벽 용사가 되었고 신실한 신앙인이 되었다. 지금은 권사님이 되어 성실히 교회를 섬기고 있다. 하나님이 하신 일을 누가 말릴 수 있겠는가! 사람이 어찌 측량할 수 있겠는가! 하나님의 지혜를 누가 상상이나 하겠는가! 놀랍고 신비로우신 하나님을 찬양한다.

칡차를 들고 매일매일 병원 전도를 다닐 때였다. 병상에 누워 있던 한 중년 부인이 목에 붕대를 칭칭 감은 채 소리도 내지 못하고 누워 있었다. 다가가서 "아주머니, 예수 믿으세요!" 하고 전도하면 말없이 눈물만 흘렸다. 뭐하시는 분이냐 물으니 정육점을 한다고 하셨다. 그런데 어느 날부터인가 보이지 않으셨다.

천안에 있는 단국대 병원에 심방을 갔다. 그런데 뜻밖에도 거기에 그분이 계셨다. 몸이 더 아파서 이곳으로 오게 되었다고 하셨다. 퇴원하시면 교회 다니시라고 말씀을 드렸더니 알았다고 하신다. 그리고 한동안 소식이 끊겼다.

또 병원에 심방을 갔다. 그런데 거기에 그분이 와 있는 것이 아닌가? 웬일이냐고 물으니 또 몸이 아파서 세 번째 수술을 받았다고 하셨다. 가족이 있느냐고 물으니 말없이 눈물만 흘리셨다. "아들딸이 있기는 한데⋯⋯" 하시며 뒷말을 흐리셨다.

사연을 들어보니 남편이 떠난 뒤 재혼했는데 혼인을 하고 보니 부인이 있는 사람이었던 것이다. 돌아설 수도 없고 그대로 그 사람에게 사로잡혀서 20년 가까이 정육점을 하며 그 사람의 노예로 생활하게 되었던 것이다. 내가 모든 걸 정리하라고 다그치면서 기도를 해드렸다. 그리고 교회에 나오시라고 했다.

그런데 시장에 있던 그 정육점이 홀라당 불에 타버렸다. 한 푼도 보상받지 못한 채 맨몸으로 쫓겨나, 20여 년 만에 가족을 찾아 큰아들 집으로 갔다. 하나밖에 없는 아들이었다. 그런데 며느리가 세상천지 분별을 못하고 마냥 웃기만 하는 지적 장애 1급이었다. 큰아들이 미군 차량에 치여 뇌를 다치는 바람에 정상적인 삶을 살지 못했고, 지적 장애자와 결혼하게 되었다고 하셨다. 큰아들 부부는 두 딸과 아들 하나를 두고 있었는데, 큰 딸만 조금 괜찮고 두 아이의 지적 장애는 심각했다.

우여곡절 끝에 온 가족이 교회를 다니기 시작했다. 큰 손녀딸은 할머니 손을 붙들고 새벽 기도까지 나왔다. 참 애처로운 가정이었다. 할머니는 큰 손녀딸을 지극정성으로 사랑하시면서도, 세상 떠날 때 정신적으로 온전치 못한 가정을 큰 손녀딸에게 맡겨야 한다는 게 큰 걱정이었다. 큰 손녀딸을 볼 때마다 늘 마음이 안쓰러웠다. 그렇게 수년 동안 장애를 가진 가족이 열심히 하나님을 섬겼다.

여름방학이 시작되던 날, 이번 여름에는 물가나 계곡에 가지 말라고 광고했다. 왠지 마음이 편치 않은 생각이 들어서였다. 그런데 월요일 오후 4시경 태안에서 전화가 왔다. 할머니의 두 손녀딸이 바닷물에 휩쓸려 사고를 당했다는 것이다. 태안 경찰서로 달려가니 병원으로 가라고 했다. 병원에 도착하니 지하실로 안내되었다. 거기에 방금 건져다 놓은 두 아이가 살아 있는 듯이 누워 있었다. 정신이 없는 어머니는 아무 생각 없이 병원 로비를 오락가락하고 있었고 아버지는 연신 뭐라고 중얼거리면서 병원 마당을 이리저리 걸어다니고 있었다. 아마 표현은 못해도 부부의 마음은 형용할 수 없는 고통 중에 있을 것이라고 생각되었다.

태안 바닷가에 있는 외가에 놀러간 두 딸아이가 바다에 수영하러 들어갔다가 썰물에 휩쓸려 익사한 것이었다. 같이 들어가지 않은 막내아들이 언덕 위에서 소리를 질러 주변에 있던 어부들이 두 아이의 시신을 건져오게 되었다고 한다.

살아 있는 아들 윤복이는 지적 장애가 심하다. 초등학교 다니는 내내 소변을 가리지 못해 교장 선생님께서 학교 화장실에 샤워장과 탈의실을 만들어주셔서 학교를 다닐 수 있었다.

윤복이는 교회에서 특별한 사랑과 배려를 받았다. 한순간에 두 누나를 잃어버린 아이의 마음에 상실감이 얼마나 클까 싶어서 특별히 신경을 썼다. 두 아이의 장례를 치르면서 온 교회는 함께 슬퍼하며 한마음으로 장례를 도왔다. 장례식장 사장님도 감동을 받아 지불했던 장례 비용 일체를 돌려주었다. 그렇게 기금을 모아 수천만 원을 윤복이의 미래 생계 대책비로 쌓아두었다.

윤복이는 두 누나를 잃어버리고 상처를 받았는지 한동안 말이 없었다. 청년들이 특별히 사랑해주었더니 서서히 나아지기 시작했다. 지금은 중학교에 다니는데 매우 좋아진 상태다. 한 청년 부부는 윤복이의 얼굴 오른쪽에 있는 검은 반점이 마음에 걸렸는지 결혼하면서 신혼여행 경비를 성형수술비로 내놓았다. 덕분에 윤복이의 얼굴은 3차에 걸친 수술을 받아 깨끗해졌다.

재작년 겨울이었다. 눈이 내리던 날 누군가가 교회 마당을 쓸고 있었다. 누구인지 다가가보니 윤복이었다. "윤복아, 이게 웬일이냐?"라고 물으니 사람들이 미끄러지면 안 되니까 쓸고 있는 것이라고 했다. 가슴이 뭉클해졌다. 윤복이가 많이 성장한 것이다.

윤복이가 일곱 살 때 일이다. 읍내에서 길을 잃어버리면 종종 파출소에서 윤복이를 데리고 왔다. 자기 집 주소는 모르는데 중얼중얼 교회 이름은 말하는 것이다. 그 후로 파출소 경찰 아저씨들은 윤복이가 길에서 방황할 때마다 종종 교회로 데려다주셨다. 윤복이는 집보다 교회를 편하게 여겼다.

이제 할머니는 권사님이 되셨고, 윤복이는 중학생이 되어 하나님을 섬기고 있다. 장차 예수님 안에서 윤복이가 건강한 인생길을 달려갈 수 있었으면 좋겠다.

이런 교회가 정말 있는가?

하나님의 축복으로 수많은 기적을 경험하며 당진동일교회는 20주년을 맞았다. 지금도 여전히 살아 계신 하나님을 체험하며 더욱 간절히 하나님을 갈망하고 있다.

젊은 부부가 몰려오는 교회, 새신자의 38퍼센트가 30대인 교회.

교회에서 젊은 세대가 사라지는 시대에 젊은이가 그것도 부부가 우리 교회를 찾는다. 교회 안에서 건강하게 자라는 아이들이 예뻐 늦둥이를 갖는 분들이 계시다. 예수 믿고 교회 다니기 시작한 아내가 변해도 너무 변해서 남편이 교회 나오기 시작했다. 황금 같은 토요일, 아빠가 아이와 함께 성경을 공부하러 교회에 온다.

이유가 뭘까?

《꿈꾸는 교회, 춤추는 하나님》을 읽고 "그런 교회가 정말 있는가?" 하고 전화하신 분들이 많다. 어떤 분은 직접 찾아와 눈으로 확인하고 이런 구석진 교회를 세워가시는 하나님의 역사를 감탄한다.

우리는 꿈꾼다. 지금까지처럼 앞으로도 삶에 지친 사람들, 방황하고 아파하는 사람들의 고통을 함께 나누며 회복을 돕는 교회가될 것을 말이다. 또한 정직하고 바른 신앙관을 가진 차세대, 무엇을맡겨도 안심이 되는 아이들을 낳고 기르는 일을 멈추지 않을 것이다. 하나님을 바르게 믿는 그 한 사람이 바로 교회이고 부흥이기 때문이다.

살아 계신 하나님을 만나고 심장이 벌렁거려 잠도 못자는 사람들. 평범한 이들을 비범하게 만드시는 하나님께 영광을!